聚焦核心素养的全学科课例

【小学卷】

主　编◎赵晓辉　高　云
副主编◎唐德喜　李沫寒　孙智信

世界知识出版社

图书在版编目(CIP)数据

聚焦核心素养的全学科课例. 小学卷 / 赵晓辉, 高云主编. —北京:世界知识出版社,2019. 1
ISBN 978-7-5012-5927-4

Ⅰ. ①聚… Ⅱ. ①赵…②高… Ⅲ. ①课堂教学 - 教学研究 - 小学 Ⅳ. ①G622. 3

中国版本图书馆 CIP 数据核字(2018)第 301174 号

责任编辑	侯奕萌
责任出版	赵　玥
责任校对	马莉娜
封面设计	郝亚娟

书　　名	**聚焦核心素养的全学科课例[小学卷]** Jujiao Hexinsuyang De Quan Xueke Keli(Xiaoxue Juan)
主　　编	赵晓辉　高　云
出版发行	世界知识出版社
地址邮编	北京市东城区干面胡同 51 号(100010)
网　　址	www.ishizhi.cn
经　　销	新华书店
印　　刷	三河市人民印务有限公司
开本印张	710 × 960 毫米　1/16　14 印张
字　　数	208 千字
版次印次	2019 年 1 月第一版　2019 年 1 月第一次印刷
标准书号	ISBN 978-7-5012-5927-4
定　　价	42.00 元

编委会

主　编： 赵晓辉　高　云

副主编： 唐德喜　李沫寒　孙智信

编　者（按姓氏笔画排序）：

王月珲　王玉霞　王妍妍　龙爱军　田宏艳　付晓梅
吕姝春　闫晓颖　关　蕊　孙雪峰　李　强　李　璐
李桂琴　宋　磊　陈曦蕾　邵　帅　郑　丽　钱　巍
倪　岩　郭京京　韩　巍　蔡　华

序

核心素养是近年来我国教育界热切关注的研究课题，是教育领域为更好应对信息技术与知识经济的快速发展而建构的学习者能力与素养体系。2016 年 9 月 13 日《中国学生发展核心素养》正式发布，标明落实学生核心素养已成为实现立德树人根本目标的有力举措，更是适应世界发展趋势、提升我国教育国际竞争力的重要对策。

学生发展核心素养，主要指学生应具备的、能够适应终身发展和社会发展需要的必备品格和关键能力。核心素养是关于学生知识、技能、情感、态度、价值观等多方面要求的综合表现，是每一名学生获得成功生活、个人终身发展和适应社会发展不可或缺的共同素养。

《中国学生发展核心素养》的发布，是深化素质教育、开创新时代教育的桥梁与媒介，引领课程改革和育人模式变革的方向。课堂教学作为学校教育课程的主体，必然是培养核心素养的主场域。核心素养与课堂教学有着密不可分的关系，一方面课堂教学需要核心素养的指导与引领，彰显学科教学的育人价值，使之为人的全面发展服务，让“教学”升华为“教育”；另一方面核心素养的达成要依靠各个学科育人功能的发挥，学科本质要素的发掘，以及课堂教学的实施。

经过调研我们了解到，在核心素养的落实中，广大一线教师遇到了诸多问题与困惑，如：核心素养与学科教学的对接点在哪里、如何采用恰当的教学方式来培育学生的核心素养、怎样将核心素养落实在具体的一节课中……教师们对核心素养的内涵认识还不够，缺少对每个基本要点的深入理解和实践经验。如何明晰核心素养在课堂教学中的实施路径，让核心素养落地，成为当下教研与师训亟待解决的问题。

为帮助学校和教师有效实施核心素养，我们组织吉林省省内小学教学专家和名师编写了这本《聚焦核心素养的全学科课例》（小学卷）专题师训教材。本书编者主要是来自吉林市教育学院、吉林市第一实验小学、吉林市第二实验小学、吉林市船营区教师进修学校、吉林市船营区第四小学、吉林市船营区松江实验小学、吉林市船营区实验小学、吉林市丰满区第二实验小学、吉林市昌邑区华强小学、吉林市龙潭区乌拉街满族镇中心小学、吉化第一实验小学、长春市吉大附中力旺实验小学等学校的教研员和名师。他们不仅在教学中积极探索实施核心素养的方法与路径，还发挥引领与辐射作用，指导当地教师开展核心素养的研究。本书是他们教研、培训成果的汇集和提炼。

全书按照《中国学生发展核心素养》的框架分为三个部分、六个专题、十八个基本要点：第一部分“文化基础”分为人文底蕴、科学精神两个专题，具体包括人文积淀、人文情怀、审美情趣、理性思维、批判质疑、勇于探究六个基本要点；第二部分“自主发展”分为学会学习、健康生活两个专题，具体包括乐学善学、勤于反思、信息意识、珍爱生命、健全人格、自我管理六个基本要点；第三部分“社会参与”分为责任担当、实践创新两个专题，具体包括社会责任、国家认同、国际理解、劳动意识、问题解决、技术运用六个基本要点。

每个基本要点下设三个板块：要点解读、名师课例、课例点评。“要点解读”是站在教育教学的视角，围绕要点的内涵、在教育教学中培养的路径和方法等进行详细剖析，引导读者从宏观的角度深入理解每个基本要点；“名师课例”从微观的角度提供了某一学科的具体的名师示范课例，体现要点解读中的观点，促进读者学习应用；“课例点评”从理论角度评析课例中对基本要点的落实，点评得失，提出建议，全面提升读者对核心素养的认知。这样的体例设计，做到宏观与微观相结合，理论与实践相结合。核心素养下的全学科课例的呈现，提供了核心素养落地的范例，为广大教师培养学生核心素养提供借鉴。希望本书能为教师专业发展服务，为学生全面发展助力！

赵晓辉

2019 年 1 月

目录

第一部分　核心素养之：文化基础

文化是人存在的根和魂。文化基础，重在强调能习得人文、科学等各领域的知识和技能，掌握和运用人类优秀智慧成果，涵养内在精神，追求真善美的统一，发展成为有宽厚文化基础、有更高精神追求的人。

第二部分 核心素养之：自主发展

自主性是人作为主体的根本属性。自主发展，重在强调能有效管理自己的学习和生活，认识和发现自我价值，发掘自身潜力，有效应对复杂多变的环境，成就出彩人生，发展成为有明确人生方向、有生活品质的人。

第三部分　核心素养之：社会参与

社会性是人的本质属性。社会参与，重在强调能处理好自我与社会的关系，养成现代公民所必须遵守和履行的道德准则和行为规范，增强社会责任感，提升创新精神和实践能力，促进个人价值实现，推动社会发展进步，发展成为有理想信念、敢于担当的人。

第一部分　核心素养之：文化基础

文化是人存在的根和魂。文化基础，重在强调能习得人文、科学等各领域的知识和技能，掌握和运用人类优秀智慧成果，涵养内在精神，追求真善美的统一，发展成为有宽厚文化基础、有更高精神追求的人。

专题一◆人文底蕴

中国学生发展核心素养分为文化基础、自主发展、社会参与三个方面，包括六大核心素养：人文底蕴、科学精神、学会学习、健康生活、责任担当、实践创新。其中排在首位的是“人文底蕴”。

“人文底蕴”是指对中国传统文化的深厚了解，是促使一个人长久、健康发展的精神动力，是一个人内在的发展潜力，是人们在学习、理解、运用人文领域知识和技能等方面所形成的基本能力、情感态度和价值取向，是人们精神支撑的综合体。

构建核心素养引导下的新课堂，需要三种“人文底蕴”：人文积淀、人文情怀、审美情趣。

要点一　人文积淀

要点解读

《中国学生发展核心素养》中指出“人文积淀”的内涵是：具有古今中外人文领域基本知识和成果的积累，能理解和掌握人文思想中所蕴含的认识方法和实践方法等。人文积淀不是简单的知识叠加，是要经历内化于心，外化于行的过程。在知行合一中完成道德意识和道德实践的转化与升华。

从内在的角度来看，良好的人文积淀就在于学习和掌握丰富的人文知识，塑造浓厚的人文情怀。从外化的行为来看，人文积淀在于能够在生活中懂得尊重人、关心人，勇于追求真理，善于思考人生的意义和价值；能够正确地认识自己，包容他人，合理地处理人生的得与失、利与弊、顺境与逆境的关系；能够使人明确做人的目标和存在的价值；能够使人不仅关心自己，而且还关爱自然、社会和他人，能够做到公平正义，勇于担当责任。因此，人只有不断增加文化积淀，提高自身人文素养，完善个人品性，才能真实地感受和体验人生的美好与幸福，健康成长为一个有利于家庭、社会、国家的“大写”的人。

如何发展小学生的人文积淀这一核心素养呢?

1. 博取古今经典，吸纳精华

“狼孩现象”证明，一个人的精神发育史实质上就是一个人的阅读史。美国诗人惠特曼说：“一个孩子每天往前走，他看见的是什么，那么它就会成为他的一部分。”所以，引导学生看到人类历史长河中最经典的、最优秀的、最美好的东西，便是我们教育工作者一生的使命。那些经过历史积淀而流传下来的文化经典，往往承载着人类最基本的价值观念和文化取向，蕴含着丰厚的思想哲理和人文内涵，成为一个民族熠熠闪光的精神内涵。这些文化经典历经数百年，是一个民族的文化之根，更是社会文明的浓缩和精华，是人类社会人文积淀的集中体现。即使在物质水平很高的发达国家，文化经典也一直受到各界人士的推崇，其原因就在于它不仅给国民提供知识和智慧之光，同时还引导人向善、求美，提升道德情操和人格修养，解决人生困惑。

英国教育家怀特海在论述古典文化在教育中的地位时指出，“以古典文学和古典哲学为主要基础的教育使受教育者得到愉悦和品德修炼，这已为几百年来的经验所证明。”我国有着几千年的厚重历史，其中的哲学思想之精华都蕴含在文化经典之中，等待我们去挖掘、体验和学习。语文教学就是要实现让经典文化厚积成学生生命历程中最重要的那一部分。阅读经典就是最好的积淀途径，可以让学生从中得到思想指引、灵魂构塑和价值导航。

2. 亲历情境体验，内化于心

创设情境是发展学生核心素养的途径和方法，是核心素养实现的现实基础。因此，培养学生核心素养，应在教学中充分发挥“活动”的重要作用。教师要结合学生的兴趣爱好、阅读习惯、知识喜好等因材施教。根据不同的学科特点，展开个性化引导，组织适宜的专题活动，以此来丰富学生的人文知识和成果积累。

课上，教师可带领学生多开展体验式学习、小组合作学习以及翻转课堂学习。以学习者的认知发展规律为起点，以教材文本材料为基础，以实际创设情境为媒介，通过教师的精心设计，使学生在自主参与中获得知识，通过体验使理论知识转化为具有生命意义的个体认知，以此实现人文积淀内化于心的过程。

3. 研习传统文化，外化于行

人文积淀不但要内化于心，而且要外化于行。理解、体验与实践的结合才能构成人文积淀的完整体系。“为人谋而不忠乎？与朋友交而不信乎？传不习乎？”等等，可以成为每一个学生日常行为的标尺。“不要人夸好颜色，只留清气满乾坤”可以成为学生的人生信条。当今世界存在的种种问题，生活中存在的种种道德滑坡的现象，人们面临的种种选择的纠结，都是大语文的元素，都可以在人文积淀中找到最佳的答案。

带领学生研习中国传统文化，通过各门课程的学习，了解有着几千年历史的中国，在漫长的历史发展过程中沉淀下来的精髓。包括古代科学技术对人类的伟大贡献，这些都凝结着中国人几千年的智慧。让学生们在学习中逐步地积累，形成丰厚的文化积淀。如数学史、绘画史、戏剧史、科技史、社会发展史等，那些璀璨夺目的群星，都是中华文化的骄傲。中国的传统文化以儒家文化为内核，还有道教、佛教等文化形态。艺术形式包罗万象：古文、诗、词、曲、赋、戏剧、曲艺、国画、书法、对联、灯谜，等等。教师要努力引导学生进入这个传统文化的多彩世界，了解其文化底蕴，使学生深入其境，深感其魅力，以达到发展学生人文积淀的目的。

名师课例

六年级语文《卖火柴的小女孩》

执教者：吉化第一实验小学　王月珲

（一）引入文本，揭示童话特征

师：同学们，这节课我们继续来学习童话大师安徒生的作品《卖火柴的小女孩》。上节课，我们对这个故事有了整体的把握。首先我们来写几个词语：擦燃、火炉、烤鹅、圣诞树、奶奶、飞走。请同学们试试把这几个词和课题连起来说一段话。

生：有一个卖火柴的小女孩，擦燃了五次火柴，第一次看到了温暖的大火炉，第二次看到了喷香的烤鹅，第三次看到了美丽的圣诞树，第四次看到了慈爱的奶奶，第五次和奶奶在幸福中飞走了。

师：你的话表达得很清楚，很详细。谁还能说说，说得更简洁？

生：一个卖火柴的小女孩在平安夜的晚上，擦燃了火柴，分别看到了火炉、烤鹅、圣诞树、奶奶，最后在幸福中和奶奶飞走了。

师：这名同学表达得非常简洁、清楚明白。两名同学所说的这段话正概括了课文的五次幻想部分（彩笔板书：幻想）。这种抓住关键词来概述故事内容的方法，会让表达简洁而精准，不失为一种很好的学习方法。在以后读书过程中可以这样去锻炼自己的概括能力。

师：那么刚才同学们关注的"幻想"，它正是童话最基本的特征（板书：童话），也是这个故事最光彩的部分。这节课我们就来细细品读它，感受童话的魅力及带给我们的思考。

（二）走入文本，感受童话特征

师：请同学们结合自学提示来学习：默读课文，画出文中五次描写"幻想"的语句，读一读，看看五次幻想的画面给你整体的感受是什么？

师：谁来读读学习要求？（指读）

师：注意画出的是五次"幻想"部分的文字。

（学生默读、教师巡视、发现问题）

师：谁来和大家交流你找到的描写幻想的语句？

（学生汇报读文）

师：谁来说说五次幻想的画面给你整体的感受是什么？

生：给我整体的感受是幸福。

生：五次幻想的画面给我整体的感受是非常美好的。

（教师板书：美好）

师：那好，同学们就选择自己喜欢的一个幻想画面，读出你们体会到的美好或幸福。

（学生自由选择练读，指名读文并指导）

师：同学们，让我们再次回到课文中整体感受。小女孩幻想得如此美好，那么现实生活是什么样的呢？这份美好的幻想背后她渴望的又是什么呢？同学们试着和小组内的同学合作完成这张学习单：一人执笔，组内共议，用最精炼的词语填写这个表格。

擦火柴	幻想什么	现实什么样	渴望什么
第一次			
第二次			
第三次			
第四次			
第五次			

（投影展示小组学习成果，学生汇报）

师：大家所看到的这份学习单足以看出这组同学合作学习的效率有多高，概括能力有多强，大家也应该这样去锻炼自己，学会概括，梳理文章内容。

师：同学们，小女孩幻想的东西如此美好！可毕竟不是现实，那么现实给你的整体感受是什么样的呢？

生：现实给我的感受是很悲惨。

生：现实给我的感受是非常的残酷。（板书：现实、残酷）

（教师依次引导小女孩面对的残酷现实中的语句）

师：什么都没有，什么都不能！为何作者还把小女孩幻想的这部分文字写得那么美好呢？你们怎么看？前后桌同学先讨论讨论。

（学生小组内交流）

生：我觉得那是在运用对比的方式来表现小女孩的命运有多么悲苦！

生：我认为那是安徒生运用反衬的写法，以美写悲，表现小女孩的悲惨生活。

师：真是善于思考的孩子！你们体会得特别到位。这种对比反衬的描写通过幻想的手法来表现，无疑让我们每一个人随同小女孩的生命经历一次美好的憧憬，但这份憧憬却凄美而让人心痛。这就是幻想的魅力，这也正是童话的魅力。

师：那么接下来，请你们一同跟随我走进小女孩的幻想世界，随她一同点燃那份美好！

（教师渲染情境引读，配乐）

师：时空穿梭机带我们来到了一百多年前的丹麦，这是一个平安夜的晚上。

师：天冷极了，此时的小女孩又冷又饿，她蜷缩在墙角里，几乎要冻僵了！她敢从成把的火柴里抽出一根来吗？——哧！

（学生接读文中描写火炉的部分）

师：天更冷了，雪更大了，她又擦着了一根。——哧！

（学生接读文中描写烤鹅的部分）

师：此时天更冷了，雪花落在她金色的头发上，她无心欣赏自己的这份美丽，她又擦着了一根火柴。——哧！

（学生接读文中描写圣诞树的部分）

师：火柴一次次点燃，小女孩美好的希望却一次次破灭。这一次，她又在墙上擦着了一根火柴。这一回，火柴把周围全照亮了。奶奶出现在亮光里，那么温和，那么慈爱。

师：想象一下慈爱的奶奶活着的时候，会怎样疼爱小女孩呢？同学们可以联系一下前文，想一想，和身边的同学先说说。

（出示文字课件）

当她生病的时候，奶奶会____________________________；

当她没卖完火柴回家，爸爸责打她的时候，奶奶会____________；

当她在外面受到欺负，满腹委屈回到家中的时候，奶奶会________。

生：当她生病的时候，奶奶会<u>用热毛巾敷在小女孩的额头，照顾她。</u>

生：当她没卖完火柴回家，爸爸责打她的时候，奶奶会<u>护着她的身体，不让爸爸的鞭子打到她。</u>

生：当她在外面受尽欺负，满腹委屈回到家中的时候，奶奶会<u>悉心地安慰她，把她搂在怀里，给她爱抚。</u>

师：是呀，奶奶是这个世界上唯一疼爱她的人！在这样一个平安夜的晚上，她有家不能回，饥寒交迫的她快要冻僵了。此时此刻，看到奶奶，就等于看到了生活的全部希望。她怎能让奶奶再次离开她呢？于是，她情不自禁地叫起来！

（课件出示“奶奶”二字）

师：想象一下小女孩当时会怎么叫奶奶？假如你就是这个小女孩，你来叫！

生：奶奶！

师：我听出了你的激动！你来叫——

生：奶奶！

师：我听出了你的急切！你来叫——

生：奶奶！

师：我听出了你的渴望！你再来叫——

生：奶奶！

师：我听出了你的委屈！

师：那么就把同学们刚才的感受，或激动、或急切、或渴望、或委屈……带进文本中。大家体会着自己去读一读。（指读两名学生）

师：如果我是小女孩，我可不会让奶奶再离开我，我会这样和奶奶说——

（教师动情诵读）

师：听出小女孩的急切、委屈、难过的心情了吗？好，你们也这样一起来读读。（学生齐读）

师：小女孩特别怕奶奶像刚才那些东西一样转瞬消失。于是，这一次她赶紧擦着了一大把火柴，要把奶奶留住。她看到了什么？——

学生接读：奶奶从来没有像现在这样高大，这样美丽。奶奶把小女孩抱起来，搂在怀里。她们俩在光明和快乐中飞走了，越飞越高，飞到那没有寒冷，没有饥饿，也没有痛苦的地方去了。

师：小女孩能找到这样的地方吗？何以这么坚定地说？

生：我认为不能找到这样好的地方，因为丹麦那时是资本主义社会，一片黑暗，穷人根本就没有能生活下去的地方。

师：真好！看来这名同学课下对故事的历史背景了解得非常详细。的确，如她所言，当时丹麦国家连年战争，造成贫富悬殊极大，穷苦人家的孩子冻死、饿死在街头的比比皆是，无人问津。安徒生曾回忆童年的生活，形容那时的丹麦，即是人间的地狱。生活在地狱里的人，等待他们的命运只有一条，那就是——

生（异口同声）：死亡。

师：死亡原本是一件恐惧的事！而安徒生笔下的这个故事结尾，你读到恐惧了吗？（学生自由读文）

生：读完这个结尾，我一点恐惧都没读到。

师：是啊，这明明是一个忧伤的故事，读后却并不让人感到沮丧；这明明是一个凄美的故事，读罢却压根不让人感到绝望。安徒生之所以伟大，正是在于他虽然不能改变现实，但他却创造了一个世界，一个童话的世界，一个人们渴望得到的美好世界。

（三）拓展文本，深化童话特征

师：同学们，你们知道吗？安徒生的作品至今留下的有168篇，课下同学们可以去读读《皇帝的新装》《海的女儿》《红鞋》等，定能收获幻想所带给你的更多奇异感受。

师：接下来，老师想请一名同学来读一读这段文字。让我们带着对童话的虔诚，对故事的心动，一同静静地体会、静静地聆听。（指名配乐读）

（出示文字）她们俩在光明和快乐中飞走了，越飞越高，飞到那没有寒冷，没有饥饿，也没有痛苦的地方去了。……她曾经多么幸福，跟着她奶奶一起走向圣诞节的幸福中去。

（教师小结本课学习）

课例点评

《卖火柴的小女孩》是长春版小学语文教材六年级上册第五单元“童年”中的一篇课文，是丹麦作家安徒生的一篇著名童话，距今有一百七十多年，可谓经典中的经典。讲述了一个卖火柴的小女孩平安夜冻死在街头的故事。写实和写虚交替进行，美丽的幻想和残酷的现实更迭出现，它以其独特的魅力滋养着一代又一代读者。

本文的教学价值意在引导学生整体把握课文内容，切实关注课文中人物的命运，深入体会作者的思想感情，虚实结合的表现手法及其表达效果；通过读文，激发学生走近安徒生，走进安徒生童话世界，了解他更多的作品。

教者在教学的过程中关注童话文体的特征，引导学生在品悟、诵读中理解文本，在交流思考中习得写作方法。卓有成效地指导学生有感情地品读课文，体会小女孩的内心世界，领悟安徒生童话的美好意义。

全课立足于核心素养之“人文积淀”的提升，教学环节层层推进，充满了厚重的人文气息，给予了学生最朴实本真的生命关注。核心素养之“人文积淀”落地课堂，呈现以下几点：

1. 结合文本内容，诱发人文积淀兴趣

开课之初教师没有煽情，而是借用听写词语的形式入课，让学生用“擦燃、火炉、烤鹅、圣诞树、奶奶、飞走”几个词和课题连起来说一段话。学会用简洁的语言概述文章的主要内容。在概述中准确把握文章的脉络，形成简洁的概述能力。教师从整体出发，引入文本，小女孩五次擦燃火柴的画面在孩子的头脑中徐徐拉开。这个过程是非常唯美的：温暖的大火炉，喷香的烤鹅，美丽的圣诞树，慈爱的奶奶，和奶奶在幸福中飞走了。这五次幻想的画面既是小女孩美好的希望，也是这篇经典童话最出彩的部分，更是最打动人心的地方。在童话的世界里，一切的不可能皆有可能。所以，教师开课就抓住这个经典故事内容与学生阅读世界对接不陌生的现状，诱导学生走进经典，从而产生积淀的兴趣。

在兴趣正起时，教师对于学生的思维方法、概述表达能力的发展做了精当的小结。如：教师说“这名同学表达得非常简洁、清楚明白。两名同学所说的这段话正概括了课文的五次幻想部分。这种抓住关键词来概述故事内容的方法，会让表达简洁而精准，不失为一种很好的学习方法，在以后读书过程中可以这样去训练，去思维”。学生语言能力的发展有了明确的方向，可行的办法。人文积淀在课堂的细枝末节中得以提升。

2. 突出文体特点，感受表达人文指向

文体教学，作为解读文本内容的一种方法，一种视角，一种策略，一种途径……正在当下课堂上书写神奇。不同文章，不同分类，进行文体教

学，有助于学生习得一类方法，掌握文体篇章的特征。

所谓基于文体的阅读教学，就是在小学阅读教学中增强文体意识，从文体出发，理解文本的文体特征，然后再依据文本自身的特色和具体的学情确定最佳的教学内容和教学策略。

教师在本课教学中，引入文本时直奔文体教学。如：

教师说“那么刚才同学们关注的幻想，它正是童话最基本的特征，也是这个故事最出彩的部分。这节课我们就来细细品读它，感受童话的魅力及带给我们的思考”。

教师请同学们结合自学提示学习：默读课文，画出文中五次描写“幻想”的语句，读一读，看看五次幻想的画面给你整体的感受是什么？一次次突显童话的特征——幻想，体会虚幻背后的美好。引领学生用新的视角看这篇他们并不陌生的文本故事。挖掘文本新的内涵，更饱满地体现文本价值。带领学生从关注文本解读走向关注文体解读，在老故事中获得新收获，新思考，教师赋予了文本内容更广阔的外延，给了人文积淀更多的落脚点。

3. 关注表达意象，深切感悟人文积淀

感人至深的课堂就像剥洋葱，只要一片一片地剥下去，总有一片会让你流泪。挖掘文本的人文感染力，设计感人的情境，换位体验，以读代讲，以读促悟是本课成功的关键。

“小女孩幻想得如此美好，那么现实生活是什么样的呢？这份美好的幻想背后她渴望的又是什么呢？”这个梳理的过程是触碰人性的，也是撼动人心的。学生在小组内学习，交流，认知有深化，思想有碰撞。学习单的使用，给了更多孩子组际间的话语权。思维得以梳理，表达意象更为明确。小女孩的五次幻想是那么合情合理，小女孩的孤苦、无助与幸福祥和如一幅幅三维立体画面一样，愈渐清晰，读之，悲从中来。鲜明地反衬出了小女孩现实生活的悲惨，幻想是一树花开，现实是坚硬而冰冷的墙。强烈的对比一下下敲击着学生的心灵。

4. 强化读法指导，内化提升人文素养

《课程标准》（2011 年版）强调：各个学段的阅读教学都要重视朗读和默读。要求“有感情地朗读”，要让学生在朗读中通过品味语言，体会作者及其作品中的情感态度，学习用恰当的语气语调读，表现自己对作者及其作品情感态度的理解。

朗读，是本文最突显的学习策略。教师在教学中注重多种形式的读书引领，指名读、齐读、情境引读、接读、配乐赏读等，整堂课朗读声不绝于耳，学生在读中品悟，读中思考，读中提升人文素养。

文中多次朗读设计很巧妙！如：指导呼唤“奶奶”时，让不同的学生换位体验读！教师关注了学生主体的表现，评价性的语言及时、贴切，给方法，也给示范。再如：在引导学生换位体验，像小女孩一样又冷又饿的情形下，去点燃一根又一根火柴。音乐的感染力，从教师对环境的渲染到学生对文本的呈现，这个过程是浑然一体的，是顺理成章的，在这样的创作引读下，学生的内心情感会被最大地激发，呈现的是入情入境地读，感同身受的体验，学生建立起来的情感是内心的表白，教师与学生、学生与文本、教师与文本此刻是融为一体的。此时的课堂是生命释放的课堂。

结尾处文字，教师设计的配乐赏读，请全班同学再次同读童话，感悟童话的文体特征，感悟故事的深度。随后教师的总结发言，一改往日老师们的习惯性总结，而是从孩子生命的层面给予了关注和引导。没有定位在“同情、可怜小女孩”“憎恶黑暗的社会”层面上，而是给学生人生更积极的态度引导和信念，让童话本身的意义发生作用。

阅读教学是一种生命的体验，一种内心的唤醒！课堂应该是老师们“用教材教”而不是“教教材”。用大语文观带领学生阅读，教就从琐碎的分析中走向文化认知、文化积淀。改变观念、改变阅读教学行为、改变我们教育站位，建构与学生一同经历、一同体验、一同成长的学习场。做到心中有学生，眼中有生命，语文教学便会轻松不乏灵动，简单又不失厚重。

点评专家：吉林市教育学院　唐德喜

要点二　人文情怀

要点解读

人文情怀是中国学生发展的核心素养之一。所谓人文情怀，是指对人的生命与尊严、意义与价值的理解，它既是一种哲学理论，也是一种世界观，是建立在“以人为对象、以人为中心”的基础之上，对人类生存意义和价值的关怀。表现为对人的生命、尊严、价值、命运的维护和追求，对人类遗留下来的各种精神文化遗产的高度珍视，对一种全面发展的理想人格的肯定和塑造。

从某种意义上来说，人之所以是万物之灵，就在于他有人文情怀，有自己特有的精神文化。人文情怀关注并追求人生美好的境界，推崇感性与情感，着重创造想象性和多元化的生活，对人类遗存的各种精神文化现象高度珍视，对全面发展理想人格充分肯定，对完善人性与维护自由、公平和秩序高度认同。因此，“人文情怀”是超越个体、超越种族、超越国家，从人类整体甚至宇宙大全的角度思考世界的一种超越性思想观和价值观。这是将全人类联结起来的意识、团结的意识、互爱的意识。

那么，我们怎样培养学生的“人文情怀”呢？

1. 着眼于不同学科，强调人文情怀的教育与提升

不同学科的课程体系，其责任都要为培养学生的“人文情怀”而承担重要任务。教师要以促进学生发展为基础，以学科教育来塑造人的独立品格与大爱意识为基础，要引导学生树立和培养以人为本的观念、意识，尊重、维护人的尊严和价值，培养学生的“人文情怀”。

以语文学科为例，“人文情怀”的核心素养教育，就是要突出语文教

材的独有特点，体现语文学科的基本学习属性。这个层次的语文，起点是文字、词汇、句子、修辞、语法等，任何语言的学习都要由此起步。文章与文学的终点则是“人文情怀”。语言具备了完整形态的表达，也就具有了表达的意义。语文的学习，把中国历史上及全世界人类历史上形成的优秀作品都包容进去了，内容丰富起来了，其核心就是“人文情怀”。

其实，各科教材的意义都在于把人类最美好的文化、情感、情怀等一并装入教材呈现给学生，成为教育的样本，也是今天我们强调文化传承的基本意义。提升“人文情怀”要注重实践性，从教材出发，走向学生实践，指导学生在社会实践中体现“人文情怀”。这需要通过读书，学习科学知识，间接增长人生阅历，获得社会认知，然后启智实行于生活之中。

2. 着眼于不同学段，进行“人文情怀”培养的层级化设计

基础教育分三个学段，每个阶段对“人文情怀”培养的要求都是不同的：初级的教育（含小学和初中）要求通过“生命教育”“安全教育”等主题，利用发生在身边的事例来教育学生，增强对学生的教育效果，引导学生树立和培养以人为本的观念、意识；高级的教育（含高中和大学）要求在教育过程中，把人作为核心，关心人的生存、人的价值、人的尊严、人的发展等，以及“以人为本”的观念在社会领域中的应用和在人类发展史上的价值。

以小学语文为例：应扩大学生的阅读空间，增加多种情感的体验以及培养学生发现美、表达美的能力。每一次阅读，对学生来说，都是一次心灵的交流，一次思想的洗礼。文学作品中蕴含的各种感情就像点点闪亮的星光，燃起学生隐藏在内心深处的丰富的情愫。读王羲之的“天朗气清，惠风和畅”，心情自然开朗；读杨万里的“接天莲叶无穷碧，映日荷花别样红”，学生如同漫步在赏心悦目的荷塘边；学习了《大自然的警示》懂得了热爱自然，珍惜爱护动物，维护身边的环境；等等。此外，课外阅读和语文教学更要密切相关，在学生学习了《卖火柴的小女孩》一文后，应向他们推荐《安徒生童话》；听了《草船借箭》的故事，鼓励他们再去翻翻古典名著《三国演义》，从而使学生在潜移默化中受到教育与熏陶。

所以，学校“人文情怀”的教育，是在教育过程中，始终把人作为核心，关心人的生存、人的价值、人的尊严，以及人的发展等，是“以人为本”的科学发展观在教育领域中的应用。

3. 着眼于现代社会发展的需要，强调“人文情怀”的现代属性

现代人处于一个特殊的人际活动范围内，其文化特征是鲜明的。现代人与现代社会，这个特定环境决定了人文教育所塑造的人，也应该具有现代文化特征，具有强烈的“人文情怀”，在语言表达、思想价值、思维方法上都要打上这个“现代化”的烙印。这样塑造出来的具有“人文情怀”的人，才能够较好地服务于现代社会的发展，积极构造现代生活的价值观与行为规则。

生存、发展和幸福是人类所关注的永恒话题。面对日益严重的环境污染等危害人的生存、发展和幸福的问题，教师可根据教学内容结合新闻热点引导学生思考解决问题的方法和对策，树立环境保护意识，关切人的生存、发展和幸福，潜移默化地影响孩子采取适合人生存、发展和幸福的方式去生活和创造价值，提升人文情怀，进而强调“人文情怀”的现代属性。

名师课例

五年级语文《桥》

执教者：吉林市第二实验小学　郑　丽

（一）复习导入，切入主题

师：这节课我们来继续学习《桥》。上节课我们初读了课文，了解了课文的主要内容，重点学习了1~6自然段的环境描写。谁愿意把自己印象最深刻的语句读给大家听？

生1：山洪咆哮着，像一群受惊的野马，从山谷里狂奔而来，势不可当。

师：读出了洪水的凶猛。

生2：近一米高的洪水已经在路面上跳舞了。人们又疯了似的折回来。

师：真棒，读出了情节的紧张，还有吗？

生3：东面、西面没有路。只有北面有座窄窄的木桥。

师：听出来了吗？她突出了哪个词？

生：只有。

师：就让我们感受到了，木桥是通向生命的唯一通道。

生4：人们跌跌撞撞地向那木桥拥去。

师：小说中的环境描写，就是有这样烘托、渲染、铺垫的作用。这节课就让我们在这紧张的气氛中、在逼近死亡的绝境中继续学习课文，通过语言、神态等描写，来感受老汉的形象，体会微型小说的特点。

（二）细读课文，感悟人物形象

师：那老汉到底是一个怎样的人呢？请同学们自由朗读课文的7～23自然段，边读边画出描写老汉的语句。（学生自由朗读，老师巡视）

师：谁愿意把找到的语句读给大家听？

生1：木桥前，没腿深的水里，站着他们的党支部书记，那个全村人都拥戴的老汉。

师（相机出示PPT）：还有吗？

生2：老汉清瘦的脸上淌着雨水。他不说话，盯着乱哄哄的人们。他像一座山。

生3：老汉沙哑地喊话："桥窄！排成一队，不要挤！党员排在后边！"

生4：老汉冷冷地说："可以退党，到我这儿报名。"

生5：老汉突然冲上前，从队伍里揪出一个小伙子，吼道："你还算是个党员吗？排到后面去！"老汉凶得像只豹子。

生6：老汉吼道："少废话，快走。"他用力把小伙子推上木桥。

师：老师把你们找到的描写老汉的语句都打在了屏幕上，快来读读这些话，你能感觉到老汉是一个怎样的人吗？

生1：我觉得老汉是一个大公无私的人。

生2：老汉是一个顾全大局、心系群众的人。

生3：老汉是一个临危不惧、沉着冷静的人。

师：这是你们阅读课文后的初步感受，那作者又是运用了怎样的手法使老汉的形象越来越高大的呢？请同学们默读课文的7～23自然段，边读边进行简单的批注。（学生默读，教师巡视）

师：好，我们快来交流交流吧！

生：作者用了修辞手法来使老汉的形象越来越高大。

师：能结合具体的语句来说吗？

生：作者运用了对比的手法，把人们的“乱哄哄”和老汉像“山”一样的镇定进行了对比。

师：抓住对比的手法，感受人物的形象，这是一种非常好的学习语文的方法。

生：这句话我抓住了“一座山”这三个字，通过比喻的修辞手法，并和“乱哄哄的人们”做了对比，更能衬托出来老汉的沉着冷静。

师：你可真会读书，不仅发现了对比的手法，还抓住了比喻的修辞方法，让我们更好地感受到了老汉的沉着冷静。

生：还是这句话，我在“老汉清瘦的脸上”找到了神态和外貌描写，我从“清瘦”这个词能体会到老汉的心系群众，他身体那么虚弱，还是个老人，却能来帮助民众脱离危险。

师：连细节都关注到了，真会学习！能不能把你的感受带到文中读一读？

（学生读文）

生：我抓住了“沙哑”这个词，老汉的嗓子都已经哑了，他还顾全大局，心系群众，帮助大家逃离灾难。

师：抓住重点词也是我们学习语文的好方法，真棒！

生：我也要谈这句话，字数不多，却很有力，而且它有三个叹号，从这三个标点符号我能看出老汉心系群众，顾全大局。

师：语言简练是微型小说一个非常典型的特点。短短的十六个字就连续出现了三处感叹号，那我们该怎么读呢？（指名朗读）

师：同学们读得入情入境，真好！三句话，三个命令掷地有声，还有吗？

生：我抓住的是一个动作描写“喊”，老汉的嗓子都喊哑了还在继续喊，我觉得老汉是一个大公无私的人。

师：那就让我们再一次“沙哑”地喊话，（引读）老汉沙哑地喊——

生：桥窄！排成一队，不要挤！党员排在后边！

师：就像这样，接着汇报。

生：我抓住了“吼”这个字，可以看出老汉心系群众、大公无私，是个顾全大局的人。

师：一个“吼”字，就使老汉的形象跃然纸上，读书就要这样，字字入目，句句用心！

生：从这句话中我也感受到了老汉是一个大公无私的人。因为老汉是全村人的党支部书记，他可以用他的权力让大家听他的，让自己的儿子先过去，但他没有这样做，反而从队伍里揪出了自己的儿子。

师：一个“揪”字就让老汉大公无私的形象栩栩如生。

生：我补充，结合上文“老汉冷冷地说：‘可以退党，到我这儿报名。’”可以表明老汉对那些贪生怕死的人表示出了不屑，对小伙子深深的鄙视和气愤。

师：好，就请你冷冷地读出这句话。（指读后全班读）

师：从你们的语气中，老师感受到了老汉的威严，你们俨然就是那位大义凛然的老汉！难怪竟没人——引读：再喊。一百多人很快排成队，依次从老汉身边奔上木桥。

生：“你还算是个党员吗？”这句话是个反问句，老汉讽刺小伙子，表现出了对小伙子的讽刺和嘲笑。

师：党员就应该率先垂范，大难临头的时候就应该为人民群众做出表率，可见老汉在人民的心目中不仅仅像一座山，更是人们心中的一座靠山。联系上下文使老汉的形象跃然纸上，呼之欲出。

生：后文说了小伙子就是老汉的儿子，而且我觉得通过这次洪水，老汉不光是为了人民服务，他把小伙子揪出来是为了告诉他作为党员不能贪生怕死。

师：好，我们看，他又一次抓住了“揪”字，那你们觉得老汉揪出的仅仅是这个小伙子吗？他揪出的还是什么？

生：他揪出的不仅是这个小伙子，更是他的儿子和他儿子生的希望。

师：是呀！他揪出的不仅仅是这个小伙子，而是他儿子年轻的生命。一个顾全大局的、大公无私的、心系群众的老汉形象已然矗立在我们面前，深植于我们的心中。有人说文字的背后就是画面，那你能结合文中的插图再来谈谈吗？

生：这天，电闪雷鸣、风雨交加，大伙在党支部书记老汉的指挥下，向北面唯一一座窄窄的木桥涌去，老汉沉着冷静地组织着大家，却突然揪出了一名小伙子，并吼道：“你还算是个党员吗？排到后面去！”他凶得像只豹子，旁边的人们用异样的目光看着他。

师：借助画面有助于加深对人物形象的理解，带着你的感受读读吧！

师引读：此刻，水渐渐蹿上来，放肆地舔着人们的腰。人们不约而同地加快脚步奔向木桥。

师：读书就应该这样，字字入目，还有？

生：老汉吼道：“少废话，快走。”他用力把小伙子推上木桥。

生：通过这句话我知道这座桥已经撑不住了，已经到了生死关头，而老汉还是在意他的儿子，想把他疏散到安全地区。

师：同学们发现了这两处“吼”，读一读这两个“吼”字一样吗？

生：不一样！

生：我觉得第一个“吼”是吼他要为人民做出榜样，第二个“吼”是爱的吼。

生：第一个“吼”是老汉站在村里的党支部书记的立场上吼出来的，而第二个是以父亲的角度来说的。

师：同一个字在不同的句子中表达的意思，蕴含的情感也不尽相同。一个“吼”字，让我们看到了一个爱子情深的父亲，正是这样的父亲，正是这样的老汉，才更加的有血有肉，可亲可敬。（男女生分角色读）

师：你们的朗读让眼前老汉的形象越来越清晰，越来越高大。在这部分情节的描写推进中，作者在刻画老汉形象的同时，还穿插了许多的——

生：环境描写。

师：快来找一找有哪些环境描写？

生：木桥前，没腿深的水里，站着他们的党支部书记，那个全村人都拥戴的老汉。（出示：1. 水渐渐蹿上来，放肆地舔着人们的腰。2. 水，爬上了老汉的胸膛。）

师：读读，你又有什么感受？

生：我觉得老汉是大公无私的，因为他在那么危险的环境中，坚持输送人民，最后只剩下了他的儿子，结果他把儿子推上木桥时，桥却塌了，想对儿子做最后的告别却没有完成，写出了他对儿子的不舍。

师：环境描写有推动情节发展的作用，就让我们把这些环境描写送进文章当中再去感受。男孩读红色字体部分，女孩读黑色字体部分。

师：通过同学们的朗读，老师已经感受到老汉的形象已经深深地镌刻在你们的心里。

（播放视频）五天以后，洪水退了。一个老太太，被人搀扶着，来这里祭奠。她来祭奠两个人，她丈夫和她儿子。同学们，这样的结局你们想到了吗？

生：没有。让人很惊讶，很凄凉，很意外，很出人意料。

（三）深化主题，理解桥的含义

师：这种出人意料的结局，也正是小说的一个重要特点。那本文重点描写的是老汉，为什么以桥为题呢？

生1：我认为桥是生命的桥。

生2：这座桥是承载人们希望的桥。

生3：这是连接生死的桥。

生4：这是一座把生的希望让给别人，把死的危险留给自己的不朽的桥。

师：是的，这还是一座党员密切联系群众的连心桥，这也正是本文以桥为题的原因。孩子们，就让我们带着对老汉的无限崇敬与怀念，再次齐读课文。

课例点评

《桥》是人教版小学语文五年级下册第四组课文中的一篇精读课文。故事情节感人，成功地塑造了一个老共产党员的光辉形象。面对狂奔而来的洪水，他以自己的威信、沉稳和果断的指挥，将村民们送上跨越死亡的生命桥。

本文的教学价值在于通过对文章内容的深入理解，引导学生在感人的故事中受到情感的熏陶和感染，感受老共产党员无私无畏、不徇私情、英勇献身的崇高精神和小说的特点。重点体现了核心素养之人文情怀的培养，呈现了以下几方面的特点：

1. 把握文本内容特点，深入理解人文情怀内涵

这篇微型小说内容短小精悍，情节跌宕起伏，扣人心弦；语言简练生动，极富韵味，处处充满着人性的美。如何让人性美在学生心中扎根呢？郑老师深入研读教材，把握文本内容特点层层深入地展开教学。

开课伊始，朗读回顾印象最为深刻的1～6自然段中的环境描写，使孩子们在感受洪水的凶猛，情节的紧张的同时，直奔主题感受老汉的形象，体会微型小说的特点。孩子们潜心会文，在自读自悟的个性化阅读中初步感受到了老汉沉着冷静、不徇私情、舍己为人的形象。在学生建立了初步表象之后，再次引导学生走进文本，看看作者运用了哪些不同的方法让人物形象越来越丰满。在默读批注、品味动心、交流感悟中，通过语言、动作、神态、环境等描写来感受老汉无私无畏、不徇私情、英勇献身而又爱子情深的崇高精神和人文情怀。

2. 找准教学切入点，在朗读与感受中加深人文情怀体验

《语文新课程标准》指出：工具性和人文性的统一是语文课程的基本特点。郑老师始终以重点问题“课文中的老汉是个怎样的人”为切入点来展开教学，有效地突破了课文的重点。

朗读是语文学习的至妙之法。课堂中，郑老师做到了以读来品味文章

的内涵，培养学生的读书能力，让学生个别读、齐读、男女生对读，带着理解、感受读，读出了老汉的沉着、镇定，并从中体会感悟，此时学生不仅仅是在读文，更是在读自己的心声，使学生与作者、文本达到情感上的共鸣，语文课堂闪烁人文之光。课堂上可以看到学生的情感是在不断升温的，主题的升华是步步深入的。

3. 依托写作特点，激发学生对人文情怀的感情

《桥》这篇课文，不仅处处充满着人性的美，而且在表达上极具特点。在本节课的教学当中，郑老师通过引领学生感悟微型小说的写作特点，有效地激发了学生对人文情怀的理解和感受。主要表现为：

（1）环境描写烘托紧张气氛。

《语文新课程标准》指出，语文课堂丰富的人文内涵对学生精神领域的影响是深广的，语文教学应注重学生的情感体验。郑老师的课堂，始终不忘带动学生的情感，非常注重渲染情境，以情促情。课文一开始，就以这两句自然环境描写的句子开头，把灾害突然降临的惊心动魄的场面展现在我们眼前。接着四处描写了水位的不断上升，让我们非常真切形象地感受到洪水的肆无忌惮，突出了情况危急，渲染了紧张气氛。环境在本文中起到了至关重要的作用，郑老师紧紧抓住这些环境描写，这样的危急时刻，引导学生如临其境地感受老汉的镇静和人格的伟大。

（2）细节描写刻画人物形象。

本文于细微之处刻画了栩栩如生的老汉形象。郑老师在教学中结合学生的发现，着重引导学生认识到课文用了对比手法，把群众的慌乱和老汉的镇定、老汉对党员的冷和对群众的热、对儿子的凶和对群众的爱、群众撤离前对儿子的吼和群众撤离后对儿子的吼的不同，来进一步理解老汉的光辉人格。

（3）设置悬念结局出人意料。

文中交织着多个矛盾，跌宕起伏，扣人心弦。又在文章结尾交代老汉和小伙子之间那血浓于水的关系时，才豁然开朗，却又无比震惊。随着结局的揭晓，老师视频的播放、凄婉音乐的响起，孩子们陷入了沉思，深深

地受到了触动，洪水无情人有情，面对此情此景，栩栩如生的老汉形象已然镌刻在学生心中。直到老师最后回归主题“文章为什么要以《桥》为题?”，学生的理解水到渠成。

4. 结合语言实践，转化对人文情怀的理解

引导学生品味文本语言，在语言实践中深化对人文情怀的理解。这也是郑老师做得比较好的地方，值得一提的是，郑老师注意到“吼”字在文中再次出现，但却体现了老汉不同的情感，正是这两个“吼”字使老汉的形象显得更为丰满。在危难面前，他是一位严父，更是一位令全村人拥戴的党支部书记，他要为全村人的生命负责，所以才会有让儿子排到后面去的看似不近人情的“揪”和“吼”。也正是这样的老汉才更加有血有肉，让人可亲可敬。

总之，从整体上来看，本节课的教学设计简约，教学目标明确，教学重点突出。教师给予了学生充分的时间与文本对话，使学生在潜心会文与讨论交流中深刻地感受到了人物的光辉形象，心灵受到了洗礼，发展了学生的人文情怀这一核心素养。

点评专家：吉林市教育学院　唐德喜

要点三　审美情趣

要点解读

核心素养框架内的“审美情趣”，融合了“审美情感”和“审美趣味”，这两方面相互包容、相互渗透。尽管从表层上看，“审美情趣”往往是以主观心理评价的形式表现出来的，但评价者所置身其中的社会环境，包括道德规范、民俗习惯、文化传承等综合因素都在很大程度上决定着他

对美与丑的认识与评判。当今社会信息渠道多元，信息纷繁重叠、美丑混杂共振，因此有效地过滤出真善美、摒弃假恶丑，培育小学生逐渐形成健康的审美观，是教育工作者义不容辞的责任。教育工作者要有目的地增强小学生在日常生活与学习中“发现美”“感知美”“欣赏美”“评价美”的意识；促进其个体实践经验的积累和思维能力、艺术素养的形成；引导他们理解和尊重文化艺术审美情趣的多样性。通过学科教育、艺术教育、家庭教育、社会实践，多渠道、多角度、全方位地渗透美育教育，不断提升其审美个体的审美判断力、审美鉴赏力，以美求真，以美至善，以美怡情，逐步形成健康的审美情趣，使审美情趣的培养成为新一代素质教育宏伟工程中最富有标志性的建筑。

那么，如何在日常学习、生活中拓展美、升华美，如何有针对性地培养小学生的审美情趣呢？

1. 以人文情境为背景，唤醒审美情感，增强文化理解，树立正确审美观

大哲学家尼采认为，美是人在特定心境中借给事物的称谓。“并不存在本身善、美、崇高、恶的东西，而是有种种心境。处在这些心境中，我们便把上述词汇加到了我们身外、身内之物上面。”尼采的观点是站在主观主义认识论哲学的立场上的，我们要批判地吸收借鉴。但是他确实睿智地提醒了我们，客观对象是否美，最终在很大程度上取决于审美主体的主观评价。而主体情感所孕育出的审美评价，从根本上还是摆脱不掉社会、时代、民族、传统等共同编织出来的文化心理制约和影响，这使人们的审美情趣同时兼顾了主观情感色彩和客观文化属性的积淀。例如，尊老爱幼是一种美德，它是中华民族几千年来的优良传统；例如，我们都喜欢用红色来装饰婚礼和春节，是因为中国传统中红色表示喜庆和吉祥……审美和政治、道德、传统等其他意识形态有密切的关系，它是建立在一定文化背景下的群体性主观体验。因此，引导孩子们在广泛的人文情境下去感知美，使其理解不同的时代、不同的文化和不同社会的人具有不同的共性化审美观，进而能够对文化多样性所导致的审美差异性形成包容与宽容的心理修养。引导学生在增强民族自豪感的同时，养成尊重世界多元文化的意

识与观念。

2. 以艺术教育为载体，习得审美方法，尝试审美表达，深化审美体验

福尔曾说：“除了面包以外，只有艺术是每个人都喜欢都需要的东西。”艺术是美的可感知载体，也是美育的主要途径。它的物态化分解形式是诗，是画，是音乐，是色彩，是造型，是以人们最喜闻乐见、赏心悦目的形式传播开来与延续下去的，从最具象的审美感知入手，启人心智，促人思考，使人在愉悦性心理体验的同时接受真、善、美的精神共振效应。艺术欣赏与创作本身就是感受美、体验美的过程。艺术作为一个门类，它有自己的“语言形态”，只有在掌握和储备一定量的基础上，才能形成艺术素养，更好地去感知艺术魅力。例如，只有掌握一定的乐理知识，才能在聆听音乐时捕捉到蕴含于乐曲音响形式之中真、善、美的情感激荡，才能让自己内心所储藏的精神风景与音乐中的旋律、节奏、对位、织体等艺术元素产生审美共鸣；只有掌握了必备的美术语言，才能在欣赏美术作品时，从色彩、造型、光影的世界的交错掩映中享受到视觉的审美冲击，在发现美的同时，能更好地感悟美，进而增强对艺术美的感觉力、理解力，养成高尚的审美趣味。

艺术是美的伴侣。教育工作者们要重视艺术教育的审美功能，通过丰富多彩的艺术活动，指导学生积累艺术知识与艺术表现的技能与方法，让艺术用最具象的感知点燃孩子们生命中那颗美的火种。

3. 以学科教育为阵地，激发审美兴趣，拓展审美渠道，培养审美能力

审美情趣的培养离不开学科教育的主战场，任何学科在教学中都应该在学习好本学科知识的基础上，引导学生从学习运用本学科知识语言的角度上去欣赏美、表达美、创造美，加深审美体验，形成审美鉴赏力。

（1）创设审美情境。

审美情境的创设必须符合学生的年龄特点和认知规律，理想的审美情境应当集观赏性、趣味性、教育性和可操作性为一体。小学生有追求新奇的心理特点，每一学科的教学都应根据学生这一心理特点加强各自教学的

趣味性。利用导入诱发兴趣，巧设问题激发兴趣，贴近生活引发兴趣，强化特色提升兴趣，渲染情绪唤发兴趣，设计竞赛获取兴趣，体验成功巩固兴趣，肯定鼓励增长兴趣……这一系列教学方法的运用，都必须围绕着以兴趣为主线的悦目、悦耳、悦心的情境，把学生的认知过程置于特定的、具有审美色彩的环境和氛围中，激发学习热情，增强审美体验。

（2）传授审美方法。

审美方法是审美鉴赏力的技术支撑。由于各学科性质的差异，审美方法也各不相同。如，美术“欣赏·评述”领域教学，教师要教会学生从多角度赏析美术作品：从美术语言的角度，从历史背景的角度，从画家传记的角度，从艺术流派的角度，从文化理解的角度进行比较、分析、欣赏、评述。其他各学科教学中的审美方法，有待于有志者们不断去探索。

（3）拓宽审美渠道。

让学生走出家校，在自然和社会生活中寻找和发现美，在社会实践活动中去感受美、鉴赏美、评价美、表达美、创造美，丰盈审美情感，培养审美能力，提升审美情趣，这将是未来素质教育更为广阔靓丽的风景线。

名师课例

二年级美术《我们身边的痕迹》

执教者：吉林市船营区第四小学　陈曦蕾

（一）激发兴趣，引出课题

师：同学们，今天陈老师给大家带来一个神秘的大礼盒，想知道里面是什么吗？那我就来揭秘一下吧，到底有什么呢？

生：木头。

师：另一个呢？

生：石头。

师：它们来自于自然，也源于我们的生活。

师：它们很特别，谁想上来摸一摸，告诉老师它们有哪些共同之处？

生：这个树干上面有凹凸不平的纹理。

生：这个石头上面有花纹，还很粗糙。

师：说得非常准确。

师：它们表面都有一些凹凸的纹理，有一种肌理的美感。课前同学们从家里找来了哪些具有凹凸肌理的物品？举起来老师看一看。同学们太棒了！找到这么多美丽的物品。其实老师在我们班级中也悄悄地藏了许多具有凹凸肌理的物品，谁想上来找一找？他们找对了吗？

生：对！

师：这些生活中常见的物品有一个共同的特点，都具有凹凸肌理，把你们找到的物品拿回小组吧。

（二）教师示范，引导感知

师：刚才老师看到有一位同学找到的物品很特别，现在老师想挑战一下自己：我能在10秒内快速地将它复制在纸上，你们相不相信？

生：信，不信。

师：现在挑战老师的时候到了，请你们仔细看我是怎样做的，替老师倒数十秒！

生：十、九、八、七……一。

师：怎么样？老师有没有成功？

生：有！

师：老师刚才用的方法叫做拓印，今天我们就来学习如何用拓印的方法留住我们身边的痕迹。我们一起走进《我们身边的痕迹》来感受痕迹之美（引课题）。

师：拓印在我国有着悠久的历史，让我们透过大屏幕去了解，去感知。（视频：劳动人民用勤劳与智慧创造出了无数的、丰富多彩的瑰宝。从秦砖到汉瓦，从碑迹到壁画，即使还有一些艺术品随着时间的推移早已被破坏，但我们有幸看到智慧的古人用另一种方法留存了艺术，展示给后人艺术之美。我们现在还能看到的东晋时期著名书法家王羲之的作品《兰亭序》就是拓贴）。了解一下。我们智慧的古人用拓印的方法留存了艺术，每一个拓品都记载着一段耐人寻味的故事，今天就和老师用拓印来鉴证美、留住美。

（三）体验尝试，引领示范

师：现在老师也来挑战一下大家，仔细回忆老师刚才是怎样做的，请你用30秒的时间像老师那样，用你课前准备的物品快速地拓印出一个完整的痕迹。预备，开始！（学生快速试印）。

师：停！这么多同学都完成了，请举起来大家相互看一看。老师发现同学们虽然拓印出了痕迹，但也有问题出现，有痕迹不清晰的这种小问题吗？是什么？

生：有。

师：和你组内成员讨论你遇到了什么问题，怎样解决。现在开始。

师：大家找到解决问题的办法了吗？谁能到前面来跟大家分享一下？

生：我拓印的这张画因为没有固定好，边缘不清晰。

师：请看，她拓印的这个花纹是不是缺了一个角？怎么办？

生：把纸和物品用手固定好就不会出现这种现象了。

师：不仅要固定，还需要怎么做才能拓印完整？

生：不但要固定住还要找到边缘轮廓。

师：用什么固定？用我们的小手，固定住之后它就不会在拓印的时候移动了。残缺了一角说明拓印前没有摸清楚边缘。

生：请同学们看，我拓印的奖章周围不清晰。

师：怎么解决这个问题呢？

生：我和小组讨论的时候，同学都说我要是把纸放得平一点，不要让纸凸起来，效果会更好。

师：她在拓印时，纸起皱了，是因为纸没有平铺在物品上面。

生：我在规定时间内没有拓印完整。

师：没有拓印完是因为时间不够吗？

生：我和同学们研究找到了快速拓印的方法，就是把笔放倒，笔和纸的接触面大了就能很快拓印完整。

师：同学们真棒，用心观察，用脑思考，找到了拓印的正确方法。现在老师再示范一次正确方法请你们认真看大屏幕。首先我们要把纸放在物体的表面，先摸一摸物体在纸的什么位置，边缘在哪里，一只手固定住纸与物体，另一只手拿起油画棒，油画棒一定要躺在纸面上，均匀地平涂，不放过一丝痕迹。你看懂了吗？

师：现在接受老师的第二次挑战，再尝试，老师期待你们的成功。预备——开始。

师：停，同学们这次成功了吗？请你们举起来老师看一看。都成功了，老师给你们点个赞！你们真是拓印的小能手。我们在拓印这些凹凸肌理不是很明显的物品时适合刚才的蜡笔拓印法，但是遇到一些凹凸肌理很明显的物品，比如这个花盆，还有另外一种效仿古人的拓法，我们共同来看一看。

师：老师要介绍的这种方法叫湿拓法，它和蜡笔拓印有相同之处。首先我们要把纸放在你想拓印的物体表面，然后摸一摸图案在什么位置，这个时候老师并不是直接拓印的，而是拿起一块湿毛巾，在有图案的位置轻轻沾湿，注意不要左右擦，这样会擦破纸面，现在图案的位置就很清晰了。老师拿起一个拓包，蘸取适量颜料，把多余的颜料在纸上沾除，现在进行拓印，沿着图案轻轻拍打，可以再多沾一点颜料，看看是什么效果？

生：很清晰，太清晰啦！

师：这个办法你学会了吗？一会我们可以试一下。

师：一个痕迹在纸面上难免显得有点孤单，老师拓印一个叶片，我能让一木也成林，请同学们看老师是怎么做的。

师：这几个叶片是一模一样的，只是变换了颜色，这在美术上叫做重复，将一个物品重复拓印，便形成了一木成林的画面，我们要注意拓印也像绘画一样，注意颜色的搭配，才能使画面更美观。

师：又给它带来了一个朋友，画面马上变得不一样了！现在像什么？

生：组合成了一盆花。

师：老师是用不同的物品组合在一块，变成了更有趣的画面（把拓印的痕迹进行重复、组合，使画面更饱满，更生动）。

（四）自主探究，创意联想

师：我们一起来看看其他小朋友在拓印方面有什么好的创意，请大家仔细观察（欣赏学生作品）。

师：孩子们，他们的作品一定给你带来了更好的灵感。

师：老师也把这种使用独特创作方式的画卷带来了班级，它是其他班级同学共同完成的。

师：谁想到前面看一看是怎样创作的？（请三位到前面看一看）这幅作品和普通的画有什么不同？

生：是剪贴的。

生：高楼是用格尺拓印成的。

师：你观察得真仔细，掌声送给他！可以有目的地选择物品拓印出你需要的形状，也可以根据拓印好的形状进行联想，将它裁剪下来，粘在你需要的位置并且添上图案变成你想要的场景。

师：今天老师也为我们班级的同学制作了一幅独特的画卷（把画卷举起来），这是一个什么场景？你熟悉吗？

生：船营四小。

师：对，就是我们美丽的学校，可是缺少了小朋友们的足迹，你想在校园当中留下哪些足迹？请同学们认真思考。

生：我想在操场上加一些吹竹笛的小朋友。

生：加一些小朋友在操场上跳大、小绳。

生：添一些打篮球的同学。

师：同学们说的都是我们校园的日常生活。我们的课堂是自由的课堂，可以和你志趣相投，有同样喜好的同学坐在一起，结成互助小组。（自由分组）现在和你的小伙伴讨论：你们想留下什么足迹？用哪种拓印方法？怎样组合？最后添画成什么有趣的形象？现在开始讨论吧。

师：请把你们小组的好想法和大家分享一下。

生：我们组想用饱满的构图表现激烈的校园乒乓球大赛场景。

生：我们组想用丰富的色彩，饱满的构图，表现课间活动跳大绳的场景。

生：我们组想用干、湿两种拓印方法，表现踢足球、打篮球时小朋友们动感的姿态。

生：我们组想重点表现在操场练习着悠扬竹笛的小音乐家。

（五）合作学习，创造实践

师：好，我们把更多的想法留在画面上。看看创作要求：你想在校园留下哪些足迹？使用拓印、剪贴的方法，最后联想添画。创作要点：内容丰富，主题鲜明，画面疏密遮挡，搭配合理。老师相信你们一定能做得到，我们开始吧！

（学生创作）

（六）展示评价，体验成功

师：谁想从构图，颜色方面，用了哪种拓法来介绍一下你们小组的创意（注意运用美术语言）？

生：我们小组作品叫绳彩飞扬，小朋友的头是用硬币拓印，花坛是用桌垫拓印，使用的都是蜡笔拓印法，四肢是添画完成的。我们组的画面饱满生动，为了使色彩搭配更鲜艳，我们还加上了一道彩虹般色彩缤纷的跑道，象征着我们拥有彩虹一般的心情。

师：这组同学从拓印方法，色彩到构图都说得非常全面，他们组使用到了蜡笔拓印的方法，哪一组用到了湿拓法？来介绍一下你们小组的创意。

生：我们小组篮球架使用蜡笔拓印，花坛采用湿拓法选用花盆拓印而成，小朋友的头用一枚枚硬币拓印，粉色的花坛配上黄色的花，同学们，你们觉得漂不漂亮呀？

师：他们组人物活泼生动，哪组还想来介绍下？

生：同学们，你们看！我们组全部采用蜡笔拓印法，表现的是乒乓球比赛的场景，裁判员还准备了一个粉红色的奖杯，猜猜到底谁会赢？

师：看起来每个小朋友都像冠军。同学们来说一说你最欣赏哪个小组的作品。

生：我最欣赏第四组的作品。因为他们不仅选用了干、湿两种拓印方法，色彩搭配鲜艳，内容也生动有趣。

生：我最欣赏第一组的作品。这幅作品突出主题，人物与教学楼之间还有遮挡关系，画面非常紧凑，构图合理。

师：你想给哪组一点建议？

生：我认为第四组的画面有点空，如果能将主要人物突出，会更好地利用画面。

师：同学们的作品非常成功，老师决定将这个画卷永远珍藏起来。

（七）延伸拓展，激发情感

师：今天我们用拓印的方法留住了校园当中的美，只要细心观察你就会发现痕迹之美无处不在，它在我们的家乡吉林，在江南水乡，在索菲亚教堂，在布达拉宫上，在福建土楼里，也在我们的北京故宫当中，在长城之上……美无处不在！只要我们有一双善于发现美的眼睛，有一颗感受美的心灵，就能留住美，创造美，延续美！同学们再见。

课例点评

《我们身边的痕迹》是人美版义务教育实验教科书《美术》二年级上册第7课的教学内容，属于“造型表现”领域里的课程。义务教育美术课程标准（2011年版）对这一学习领域第一学段（1～2年级）的教学活动提出明确建议与要求，本课教学设计以课程标准为依据，以观察、体验、感受、实践为主线，引领学生找寻、表现身边的肌理美，并学会运用拓印的方法采集身边的痕迹，在体验的基础上进行再创作，从中发现自然之美，感受生活之美，领悟艺术之美，丰富审美经验，提升审美情趣。

诚如大师罗丹所言：“生活中并不缺少美，而是缺少发现美的眼睛。”在本课教学中，陈曦蕾老师就是从自然界中的一草一木、社会生活中的一砖一瓦入手，指导学生用眼睛来观察，用心灵去感悟，通过设计与组织一系列有效的教学活动，引领学生发现身边的痕迹之美，感悟我国古老拓印技法的文化之美，唤起探究拓印方法的兴趣之美，留住创作实践的痕迹之美。在本课教学中，教师以审美为主线，以学生发展为本，设置教学内容，设计教学活动，选择教学方法。孩子们一直在宽松、愉悦的氛围中去感受、去发现、去体验、去探知，见微知著，体验美术创作的无穷快乐。树立审美意识，进行审美体验。

1. 悬疑设伏笔，寻觅生情趣——激发审美意识和审美兴趣

陈老师从导学环节入手，利用“猜一猜”“找一找”等游戏环节成功地激起学生们的兴趣与关注。课前，教师把从大自然中、生活中精心准备和选取的多种多样的有凹凸质感、富有肌理美的物品，悄悄地装在礼盒里，巧妙地布置、隐藏在班级的各个角落里，让孩子们猜一猜，摸一摸，找一找，说一说。课堂上笼罩上一层神秘色彩。小学二年级的孩子充满了好奇心，他们探求兴趣的火种瞬间就被点燃了……随着物品逐一被揭晓，孩子们恍然大悟：原来大自然、日常生活中随处可见的木桩、糙石、花盆都有着那么美的凹凸肌理效果。美学家克罗齐曾说过：“只有对于用艺术家的眼光去观察自然的人，自然才表现为美，自然的美是人发现出来的。”陈老师在课堂教学正式开始之前，就擦亮了孩子们发现美的眼睛，让他们在方寸教室里就感受到了自然界多样化的神奇，从而为学生们铺设出发现和探索美的心理感应通道。

2. 尝试求真知，挑战练本事——探究表现痕迹之美的方法

在学科教育中，只有掌握了一定的知识与技法，才能支撑审美体验。本课在知识技法的学习中，陈老师以发展学生核心素养为导向引领学生进行自主探究、合作学习。在学生已有认知的基础上引导学生自己搜集拓印材料，自主探究拓印方法，尝试表现拓印所生成的肌理之美。

在拓印方法的学习过程中抓住孩子争强好胜的心理，巧妙地设置了“两挑战一实践”的教学环节：①挑战教师。教师先用10秒钟时间将手中的物品快速拓印到纸上，让孩子们目睹本以为不可能做到的事情老师做到了，深深地感受到了拓印的奇妙，在好奇心和求知欲的驱使下，他们摩拳擦掌，跃跃欲试。②挑战自我。在仔细观察教师操作的基础上，学生基本上能用30秒把自己手中的物品快速地拓印出来。在这个环节中，孩子们信心满满、势在必得，可拓印出的作品却出现了模糊、残缺等问题，这正是教师所预设的“障碍”，它构成了下一轮深入探究的起跑线。教师引领，同伴互助，解决问题。孩子们发现只有把拓纸和“拓版”固定牢不错位，

拓印出来的作品才不会模糊；找准“拓版”的边缘拓印，作品就不会残缺……③再拓印。在任务情境中去学习，孩子们争先恐后深入探究拓印方法，积极进行自主学习，终于掌握了用油画棒拓印物品的要点，也从中获取了成就与乐趣，踏上了新的审美阶梯。

3. 文化浸情怀、点滴润童心——感悟我国拓印历史的悠久

在广泛的文化背景下去审美，增强学生的民族自豪感是本节课的又一亮点。在导入新课之后，老师没有直接切入到技法的学习环节，而是通过一段精心剪裁的视频，让孩子们形象地感受我国古代劳动人民的智慧，是他们在长期的劳作实践中发明了拓印的方法，用拓帖的形式，为后人留存了秦砖汉瓦、碑迹壁画等完整而浩繁的艺术形象，使我国古代的艺术瑰宝在千秋万代里依然闪烁着耀眼的光芒。感受到中华民族几千年文化生生不息、源远流长，看到每一幅拓印都是一段耐人寻味的故事，这进一步激发出孩子们用拓印的方式去鉴证美，留住美，创造美的信心与激情，此刻传承民族文化精髓，进行创作表现已成为他们呼之欲出的内在需要。

4. 示范唤思维，引领示关键——衍生更丰富的痕迹之美

教师示范与信息技术完美结合，从造型入手，突破学生固定的思维模式，启发学生大胆联想，指导学生在拓印过程中运用肌理的特殊效果进行自由而多样的添加、组合，创造出神奇而丰富的痕迹之美。学生们通过观察知道了肌理不仅可以整体拓印，还可以局部拓印，并学会了运用添加组合的方法创造新的更复杂的形象，使痕迹之美丰富起来……学科语言与技法的活学活用是艺术创作的前提，是创造中感受、欣赏美的基石。

5. 生活启灵感，自主去实践——烹饪肌理融合的审美盛宴

艺术实践部分，老师让学生进行主题创作——留下我们校园里的足迹。这一贴近学生生活与认知的教学设计，让痕迹之美这一文化元素从生活中来，又回归生活中去。

有饱满的创作激情，有充足的审美积淀，有学科本体知识的技术支

撑，一幅融合全体智慧结晶的画卷——校园里的痕迹应运而生，这是“一种唯独一次的奇迹，一种新的诞生”，是孩子们思维和视觉的盛宴。

6. 斗方观沧海，两尺挥云天——延展课后的审美风帆

在教学接近尾声时，教师引导学生欣赏祖国山河之美，使他们知道只要拥有一双善于发现美的眼睛，保持一颗感悟美的心灵，不仅可以运用拓印的方法来表现校园中的美，还可以用更加丰富和神奇的艺术技巧来把祖国大好山河之美定格在画卷中，为祖国未来的文化事业添砖加瓦。

总之，本节课从始至终充满体验性、游戏性、创造性和人文性，成功点燃了孩子们的好奇心和求知欲，丰富了学生的认知与感知储存，使他们在兴趣的牵引下大胆表现，探索实践，同时提升审美情趣，深化审美体验，让受教者从感受自然之美，感受痕迹之美，感受智慧之美，过渡到感受祖国山河之美的精神情境摇篮之中。

点评专家：吉林市船营区教师进修学校　倪岩

专题二◆科学精神

《中国学生发展核心素养》中的文化基础，意指学生通过人文、科学各领域知识的学习而形成的符合时代要求和中国特色的文化素质。文化基础分为两种具体的素养：人文底蕴和科学精神。人文底蕴和科学精神与文明人和现代人的培养具有内在的关联。从理论的角度来说，人文底蕴是文明人的基本标识；科学精神则反映现代人的基本品格。

“科学精神”作为六大核心素养之一，主要是指“学生在学习、理解、运用科学知识和技能等方面所形成的价值标准、思维方式和行为表现”。具体包括理性思维、批判质疑、勇于探究等基本要点。其中，理性思维是科学精神的基础；批判质疑是科学精神的核心；勇于探究是科学精神的保障。

要点四　理性思维

要点解读

《中国学生发展核心素养》中指出，“科学精神”的内涵是：尊重事实和证据，有实证意识和严谨务实的求知态度；逻辑清晰，能够运用科学的思维方式认识事物、解决问题、指导行为等。理性思维是思维方式中的一种思维类型，更是智力结构的核心内容，具体是指通过概念、判断、推理等认识事物的内在联系和本质属性，更重要的是要在教育过程中遵循思维的基本路线和规律，培养学生的综合性思维能力和正确的思维方式。理性思维是一种有明确的思维方向，有充分的思维依据，能对事物或问题进行观察、比较、分析、综合、抽象与概括的一种思维。说得简单些，理性思维就是一种建立在证据和逻辑基础上的思维方式。这种思维方式包括了问题意识、实证意识、质疑精神等在内的一切优秀的思维品质。

那么，如何培养学生的理性思维这一素养呢？

1. 巧设问题情境，在情境中唤醒学生的理性思维经验

“兴趣是最好的老师”，在教学中开启探究模式，引导学生猜测，激发学生潜能，学生才能主动参与到课堂学习活动中来，也常常会收到事半功倍的效果。通过精心创设学习情境，激发学生主动探究的欲望；或是在情境中运用道具，激发学生学习兴趣，从而优化教学设计，给学生更广阔的思维空间。但无论选择哪种方式引入教学，都是促进学生心理活动或增进学生学习体验的一种手段，我们让学生经历对原始素材提纯和得出猜想、得出结论的过程，就是要通过解释、推断等过程使学生得到的结论更深刻，实现学生思维从感性具体走向抽象的理性过程。

2. 重视操作活动，在探究中深化学生的理性思考

美国试听教育家戴尔，有一个“经验之塔”理论。他认为经验之塔最底层的经验最具体，越往上升，则越趋抽象；教育应从具体经验入手，逐步进行抽象；教育不能止于具体经验，而要向抽象和普遍发展，要形成概念。新课程标准强调，让学生经历“动手实践、自主探索、合作交流”等学习方式，给学生足够的时间和空间经历观察、实验、猜想、计算、推理、验证等活动过程，引发学生的理性思考。因此，要发展学生的理性思维就应该多尝试、多实践、多用数据说话、多用事实说话，这本身就是一种理性的态度。教师要引导学生从“实践”中出“真知”，从而引导学生进行理性思考。因为教学实践表明：“动手操作活动对学生概念的形成、思维的发展以及情感态度的发展都起着十分重要的作用”，因此，在日常教学中，教师就应该有针对性地设计操作实践活动，并尽量为学生提供足够的思考时间和探究空间，让学生能够借助操作中获取的感知经验进行分析，挖掘出背后所隐含的意义和规则，最后再加以综合归纳、提升总结，最终形成统一的、完整的理性认识，深化学生的理性思维。

3. 关注对比辨析，在比较中提升学生理性思维

理性思维是人类思维的高级形式，是人们把握客观事物本质和规律的能动活动。教育家乌申斯基说过：“比较是一切理解与思维的基础。”比较是一种用以确定客观事物的异同及联系的思维过程与逻辑方法。所以在教学中，我们适当地引入比较、辨析等策略，对学生面对新知时发现规律、形成概念、区分概念等，都会起到至关重要的作用。

4. 应用练说促思，在表达中培养学生理性思维

教学中教师还要在课堂上多给予学生充分练习的时间，让每个学生都能发现自我、展示自我，发展学生的潜力；还要创设更宽松的氛围让学生充分表达自己的思考和想法，加强对学生数学表达的训练。通过表达能力的训练，培养学生的理性思维能力，这样更利于学生逻辑思维能力的培

养，让学生具备“会学”的能力，做到“以练促学、以说促思”。

总之，教师应该尊重学生的个性，通过有效的教学活动引导学生实现深度思考，给学生充分的探索空间和时间，让课堂成为能够充分地展示学生真实思维过程的学堂，引领学生走向“理性”与“智慧”，让学生的思维绽放理性的光芒。

名师课例

一年级数学《摆一摆　想一想》

执教者：吉林市第一实验小学　郭京京

（一）活动一：在数位表上摆圆表示数——复习数位及位值

师：（出示图片）你们猜猜他是做什么的？

生：魔术师。

师：信封里面藏着什么魔术道具呢？

生：数位表。

师：谁能上讲台用这两个圆片在数位表上表示出一个数？（教师指名板演）

师：给大家介绍一下，你是怎么摆的，表示几呢？

生：我在个位上摆 2 个圆片，这个数是 2。

生：我在个位上摆 1 个圆片，十位上摆 1 个圆片，这个数是 11。

生：我在十位上摆 2 个圆片，这个数是 20。

师：我们用 2 个圆片摆出来几个数呢？

生：3 个。

师：我们把这三种情况整理到一起（摆教具），组成的数分别是：2、11、20（板书）。

师：每一次我们都只用了 2 个圆片，就应该是 2 呀，怎么还变出 11 和 20 了呢？

生：因为要把圆片摆在数位表上呀！如果把两个圆放在十位上就变成

了20，一个数位放一个就变成了11。

师：原来最神奇的就是这个“数位表”啊！把圆放在不同的数位上就能表示出不同的数。

师：你能把刚才摆2个圆片的过程，用画一画的方式整理到表格里吗？

生：学生填表，完成表1。

（二）活动二：3个圆片摆出不同的数——再次感受“位值”，学会有序思考

师：如果现在给你们3个圆片，你们能表示出哪些数呢？继续感受数位表的神奇！先想一想怎么摆，再把你的想法画在学习单的表2。

（教师巡视，指名先完成的孩子到前面摆）

生：学生自己试画。

师：先写完的同学和同伴交流一下你是怎么摆的，得到了哪些数。

生：学生尝试在学习单的表2中画圆填表。

师：你们用3个圆片得到了几个数啊？（填表：4）

生：我们得到了四个数。

师：大概看一下有这4种方法，我们一起看看，听听他们是怎么表示出数的。

生：我先在个位上放3个圆片，表示3，第二种就是在个位上放1个圆片，十位上放2个圆片……（一对儿一对儿的顺序）

生：我在个位上放3个圆片，表示3，然后把三个圆片放在十位上表示30，然后把2个圆片放在个位，1个圆片放在十位，表示12，最后把1个圆片放在个位，2个圆片放在十位，表示21。谁和我的方法一样？

师：你们发现他是怎么记录的了吗？

生：一对儿一对儿交换顺序记录的。

师：对呀，我们在学习数的分解和组成的时候就用过这样一对儿一对儿的顺序来记录的方法，能用在这里可真不错！

（十位起的顺序）

生：我是先在十位上放3个圆片，表示30；第二种是在十位上放2个圆片，个位上放1个圆片，表示21……谁和我的方法一样？

师：他的方法是从十位起依次减少 1 个圆片，给挪个位，看看，组成的数的大小有什么变化？

生：越来越小。

师：是啊，按照这样的顺序摆放得到的数就越来越小，你的想法很有条理。

（个位起的顺序）

生：我是先在个位摆 3 个圆片，表示 3；第二种是在个位上摆 2 个圆片，十位上摆 1 个圆片，表示 12……谁和我的方法一样？

师：这么多同学和你的方法一样啊！看来这种方法很受欢迎啊！说说，你们为什么都选择了这种方法呢？

生：因为就和我们在计数器上拨珠子一样，从个位起一次往十位上拨一个，就不会有遗漏！

师：对比这几种摆法，你觉得哪种方法更好一些？说说你的理由。

生：我觉得 × × 的方法比较好，按照在个位或十位上圆片数量依次减少的顺序摆放，可以不重复，不遗漏。

教师小结：是啊，无论你是按一对儿一对儿的顺序还是从小到大或从大到小的顺序去表示数，都说明你能做到有序思考数学问题了！很了不起，因为有序思考是我们学好数学的一个秘密武器，能让我们的学习更轻松！

师：现在请你选择一种你喜欢的有序思考的方式记录在表格 3 中。

（三）活动三：用 4 个圆片摆出不同的数——进一步感受“位值”，感受所摆出的数之间的关系

师：看来有序的摆放的方法真的很有效，大大提高了魔术师的速度。那用 4 个圆片能摆出哪些数呢？请你按顺序画一画，写一写。比比看，谁最快！

生：（学生试画）

师：你用 4 个圆摆出了几个数？（填表：5）分别是哪些数？

生：（学生填表）汇报 4、13、22、31、40。

师：观察这个表格，你们发现了什么？

生：发现圆片的个数+1就是组成数的个数。

（四）活动四：用5个圆片画出不同的数——发现圆片的个数与所摆出的数的个数之间的关系及其他规律

师：如果这样的话先猜猜5个圆片能摆出几个数？

生：6个。

师：真是这样吗？一起去验证一下。看看5个圆片在数位表中到底能组成几个数？

生：6个数字，是50、41、32、23、14、5。

师：除了这个规律以外，你们还能从中发现什么规律呢？

（课件展示4、5的组成作品）

生：圆片的数量加1就是组成数的个数。

生：个位上的数减1十位上的数就加1。

生：十位上的数一个比一个大1，个位上的数一个比一个小1……

师：你们不仅仅是魔术师，还是解密师呢！通过圆和神奇的数位表竟然能变出这么多数，隐藏了这么多的规律！好玩吗？还想用这个规律继续玩一玩吗？

（五）活动五：拓展规律，巩固练习——规律运用，总结提升

师：如果给你6个圆片，你能表示出几个数呢？分别是什么？

生：7个，分别是6、15、24、33、42、51、60。

师：那要是9个圆片呢？在数位表上表示几个数？分别是什么？

生：10个数。分别是9、18、27、36、45、54、63、72、81、90。

（六）活动六：总结收获，恰当评价——学生再次感受数位表的神奇以及有序思考的重要性

师：因为时间关系，我们只能探索到这里。通过今天的学习活动，你有什么感受或收获呢？和大家分享一下吧！

生：这节课很好玩，用几个圆片和数位表就可以表示出不同的数。

生：因为把圆片摆在不同的位置就可以表示出不同的数，每个数位表示的意义不同。

生：数位表真神奇。

生：我还学会了有序思考！

师：是啊，就像你们说的数位顺序表的伟大之处就在于有了它就可以赋予数字神奇的魔力，变成更多更大的数。因为数在每个数位表示的意义不同，其实它的背后还有好多奥秘等着你们去发现呢！

课例点评

一年级数学《摆一摆　想一想》的教学课例，较好地诠释了学生核心素养中理性思维能力的培养。从内容上看，这是一节“综合与实践”领域的主题活动课。教材通过“用圆片在数位表上摆出不同的数”的活动，以表格的形式将抽象的数位、位值概念直观地呈现在学生面前，帮助学生理解同样数量的圆片摆在不同数位（十位和个位）上，表示的数不同，从而加深学生对数位及位值概念的理解。教师通过让学生经历“摆一摆、画一画、想一想”等数学活动，帮助学生充分感受数位及位值的概念。

整节课在以下几个方面落实核心素养“理性思维”基本点的培养。

1. 重点突出核心素养中“理性思维”的培养

《数学课程标准》指出：有效的数学学习活动，不能单纯地依赖模仿与记忆，动手实践、自主探索与合作交流是学生学习数学的重要形式。其中，操作实践活动、知识的巩固、思维的发展、教学价值观的形成以及情感态度的发展都起到十分重要的作用。本课作为一节数学综合实践活动，编排在人教版教材一年级下册。教学中重点是要突出学生“摆一摆”的操作活动和“想一想”的思维活动，让学生经历从形象到抽象的思维发展过程，初步感悟位值计数的方法与意义。与此同时，学生能够初步积累位值组数的经验，并在数数经验的基础上感知数位与计数单位的意义，帮助学生形成数感。

思维是智力的核心，培养学生的思维能力是现代学校的一项基本任务，我们要培养社会主义现代化建设所需要的人才，基本条件之一就是要具有独立思考的能力，而有序思考是其中尤为重要而突出的能力。本节课的一大亮点是，即使在低年级，教师仍然注重学生理性思维的渗透与培养，教学中突出对学生有序观察、有序操作、有序思考能力的培养。

2. 设计丰富的教学环节，落实理性思维培养的目标

（1）“魔术情境”，带学生探索数学的奥秘。

在实际教学中，教师要根据教材内容，结合学生心理发展规律，在教学的起始或者关键之处，让学生置于一种“心求通而未得，口欲言而不能”的“愤悱”状态。上课伊始，教师创设有趣的“魔术”情境激发学生的学习兴趣，通过对2个圆片在数位表上的摆放可以表示出不同的数的认知，帮助学生巩固数值和数位概念，为新知学习做好铺垫。教师鼓励学生在数学课堂上质疑，培养学生的理性思维能力。

（2）“数形结合”，在方法对比中渗透有序思考的方法。

数形结合思想能帮助学生树立现代思维意识。第一，通过数与形的有机结合，把形象思维与抽象思维有机结合，为学生初步形成辩证思维能力创造条件。第二，通过数形结合，帮助学生从多角度、多层次出发思考问题，养成多向思维的好习惯。第三，通过数形结合引导学生变静态思维方式为动态思维方式，以运动、变化、联系的观点考虑问题。教学中，教师通过数形结合重视对学生有序思考的培养，做到了不重复，不遗漏。通过让学生自主参与学习活动，对直观教具进行充分感知，其目的是在操作中发展学生的形象思维，从而抽象出数学符号，逐步形成良好的数感，这样能使学生更好地把握事物的本质，更好地关注思维的全面性和深刻性。

（3）“数据整理”，学会从无序到有序思考。

小学生的思维比较具体形象化，但抽象思维的能力不足，不容易对杂乱的数据做出分析处理，而将数据整理到图表中就能一目了然。如教学中设计用“列表法”进行整理的环节，帮助学生有序记录摆放过程的学习方法，是对学生理性思维培养的一种有效尝试。学生经历在数位表中摆圆片的操作活动，发现圆片的个数与所表示的数之间的关系，从中发现规律，进一步运用规律解决问题，培养学生的应用意识，将思维进一步引向深入。

（4）“知识回顾”，养成总结反思的习惯。

总结反思是认识自我、完善自我的有效途径，是对自己的思维过程和最终思维结果进行深入、细致、批判性地回顾、分析与检查的过程。教师带领学生对所学知识进行全面归纳、总结与回顾，学生再次感受数位表的神奇以及有序思考的重要性，这样的教学环节利于学生理性思维能力的形成。由此可见，反思是提高学生学习效率、改善学生学习效果的有效途径，是学生学会学习，具备终身学习能力的重要途径，是学生成长和自我发展的重要因素。

3. 落实了核心素养导向下培养“理性思维”的三个重点

（1）崇尚真知，让学生理解和掌握基本的科学原理和方法。

理性精神承认外部世界具有客观规律性，它有助于开发学生的能力，发挥学生的主动性和自觉性，解决学生如何科学地学习、形成良好的学习习惯等问题。教学中，教师通过让学生在数位表中摆数，经历数位表的产生过程，理解位值制的意义，了解位值制的产生及计数的原理。

（2）尊重事实，有实证意识和严谨的求知态度。

理性思维的重点之一就是要有实证意识和严谨的求知态度，它是进行一切科学研究和学习的基础。因此，在课堂上就要抓住契合点进行有针对性的培养与落实。教学中，学生在反复尝试与交流中发现规律，并进行合理的预测与猜想，再通过学具操作证实自己的猜想，并在过程中逐步体验数学知识的获得，需要大胆的猜测与科学的验证，从中感受数学的严谨。

（3）逻辑清晰，能运用科学的思维方式解决问题。

素养不是与生俱来的，而是后天养成的。理性精神需要通过特定的学习方式，在面对复杂多变的现实情境中理智分析情境、提出问题、解决问题才能形成。

教学中教师通过让学生在数位表中摆放圆片的过程，发现组数的规律，明确如果能够按照一定的顺序思考、操作，会更加完整。学生在低年级就有机会体验到科学研究的方法。这种运用所学知识解决现实复杂情境问题的过程，与提升学生理性思维素养是一致的，且是必要的。

4. 构建核心素养导向的新课堂，值得借鉴的几个特点：

（1）激发兴趣，唤醒学生参与思考的热情。

教师创设“魔术”情境帮助学生体验“数位表”的意义和作用，情境之后问题的提出，突出了知识形成与发展的过程，学生借助有形的生活素材，去捕捉、思考、提炼其中蕴含的数学知识，慢慢就学会了理性思考问题，乐于主动思考解决生活中的实际问题，这正是学生理性思维发展的开始。

（2）巧设活动，给学生有层次的实践体验。

根据皮亚杰的发生认知论，活动既是感知的源泉，又是思维发展的基础。教学中要恰当把握数学学科的特点，训练学生思维的深刻性，这与新课程重视“观察、实验、归纳、猜想”等合理推理相吻合，也是培养学生核心素养的关键。从具体课堂活动设计来看，主要体现了三个层次的活动。一是初步感知位值计数的方法。二是通过圆片数量的增加进一步感知位值计数的方法，需要做到有序而不重不漏。三是对规律的发现，获得对位值计数方法的数学理解。这里强调，操作、体验活动和对规律的探索都是借助于活动获得感性、初步的体验，学生的理解在直观中慢慢抽象、发展。

（3）注重对学生数学表达能力的培养。

课堂上教师注重在低年级就培养学生数学语言的表达能力。学生在解决问题过程中，能够用较为准确的数学语言表达内心的想法，教学中教师有指导，给学生机会展示，学生敢说、敢问、敢表达，这种习惯的培养与发展对于理性思维的形成是至关重要的。当然，这需要日积月累的训练，同时需要平时营造宽松和谐的学习氛围，引导学生认真观察、发现，总结并归纳规律，从而培养学生初步的理性思维与归纳、推理等数学能力。

（4）感悟数学文化与知识产生的过程。

当下数学教育存在的问题之一，是在一定程度上割裂了数学知识与其背后的思想、文化之间的有机联系。任何一个数学概念的产生都需要经历认知、理解与再创造的过程。数学的魅力在于让学生体会数学概念产生的必要性和发生、发展过程，引导学生去重构或者模拟这些问题的发生、发展的过程，让学生在知识积累的同时体验探索、创新的快乐。所以我们要让学生在研究问题的背景与解决问题的过程中，充分感悟知识产生、发展的过程与数学文化的意义，才会让数学文化扎根于课堂，才能提升学生的综合能力。

总之，只有教学目标定位在关注学生数学思维更长远的发展上，才能透过表面的、形式化的方式方法，让学生感悟更深刻的思想内涵。若要站在学生的角度换位思考，一节好的数学课就应该是突出学生主体参与，重视学生自主性学习的学生课堂；应该是有丰富活动体验并充满数学思维含量的学习课堂；更应该是充满数学趣味，让学生印象深刻的数学课堂。

点评专家：吉林市第一实验小学　孙智信

要点五　批判质疑

要点解读

“批判质疑”的具体内涵为：具有问题意识；能独立思考、独立判断；思维缜密，能多角度、辩证地分析问题，做出选择和决定。随着课程改革的推进，批判质疑精神已经逐渐成为教育教学的热点话题之一。

批判精神是对所学东西的真实性、精确性、性质与价值进行独立思考与判断，从而做出合理决策。质疑精神则是依据事实来问明或辨别是非（选自《新华字典》）的一种心理品质，是个体带着问题意识看待事物，敢于独立思考、挑战权威、发表见解、追求真理的一种思维习惯。

批判质疑是创新的切入点和突破口。如果学生能对事情有自己的看法，敢于表达不同观点，那么他们的思维就会更开阔、更灵活，见解也会更深刻、更新颖，就更容易进行创造。批判质疑的意识和能力并不能自然生长出来，而需要在教育教学实践中有意识地激发和培育。引导学生在学习过程中逐步学会批判与质疑，能够加强问题意识与探索精神，改变思维习惯，提升思维品质，增强学习信心，成为会思考、敢批判、不盲从、有见解的人。

培养学生的批判质疑精神，逐步形成批判质疑的能力，可以重点从以下几个方面着手：

1. 激发学生独立思考，奠定批判质疑的基础

爱默生说："学会独立思考和独立判断比获得知识更重要。"教学中学生不能只储存"是什么"，更要主动去问"为什么"，才能实现独立思考、自主探究，进而提出质疑、形成独到见解。有老师抱怨："我们班孩子就是不爱动脑筋，不会独立思考问题。"其实不是学生不肯动脑思考，而是教师缺乏引导学生独立思考的意识，很少给学生创造独立思考的机会，造成学生的被动学习状态。

学生是完整、独立的个体，有自己独特的思想和个性。教师要做的是想办法激发学生主动思考的热情。面对新问题不急于讲解，让学生先自己想想看；遇到困难不立刻帮助，鼓励学生努力找找其他办法；认真对待学生提问，但不给他百分之百的答案；鼓励欣赏学生的"新发现"，给他尽情表达的机会；如果学生坚持意见不肯妥协，不强制说服，而让他自己选择。课堂上，当独立思考、表达的积极性得到充分保护与尊重，学生就能获得更多的成功体验，就会逐步努力向会独立思考、有独立思想的方向发展。

2. 鼓励学生质疑问难，创造批判质疑的机会

"学起于思，思源于疑。"有疑、善问正是批判性思维的反映。教师要创设和谐轻松的学习氛围，鼓励学生不懂就问、敢问善问，勇敢质疑争论，大胆发表意见，通过不断地解疑，于无疑处生疑，促使学生积极思考、深入探索，逐步形成敢于提问、大胆质疑的习惯，形成批判性思维。

课堂上，一方面要遵循认知规律，抓住认知冲突，充分利用能引发学

生质疑的资源，引导学生学会从数学的角度提问题，抓住学习的关键点提问题。如：引导学生在新旧知识的生长点生成疑问，从新概念、新方法的推导形成过程中提问；引导学生积极主动思考，从自己听不懂、想不通、理不清的地方提问等。另一方面要引导学生针对提出的问题展开积极有效的交流讨论，解决问题的同时引发更深层次的思考，更好地理解知识和方法的本质，增强学习信心，培养大胆批判质疑的科学精神。

3. 引导学生自我反思，掌握批判质疑的方法

反思其实在一定程度上暗含了批判的成分，如果是带着批判与质疑去展开对探究过程、解决问题方法等的自我反思，不仅能进一步确定结论是否正确或合理，还可以引发对问题新一轮的探索与发现。质疑与反思有密不可分的联系，反思是质疑产生的土壤，质疑能促使反思不断深入。

教学中，不仅要引导学生在自我反思中去验证结论、领悟思想方法，更要对整个过程进行批判性的评价，对自己尚且不清晰、不理解之处提出问题，对不合理、不认同之处发起质疑。要给学生留有一定的时间，有意识地引导学生回顾发现问题、解决问题的过程，运用了哪些方法，走了哪些弯路，有哪些收获和感悟。一方面提炼出学生易于体会和接受的基本思想方法与策略，进一步萃取学习成果；另一方面更是引导学生进行自我的质疑与挑战，寻求更深刻的理解，创造进一步探索的机会，促使他们对数学的理解与探索由量的积累逐步走向质的飞跃。

4. 培养学生批判眼光，形成批判质疑的能力

批判眼光是指能够辩证地看待问题，一方面不会轻易地肯定一切，另一方面也不会简单地否定一切，而是通过理性思考，有根据地做出肯定、接受或者否定、质疑的判断。日常教学中，教师也要鼓励学生带着批判的眼光审视周围的一切，尊重学生的想法，让学生“知无不言、言无不尽”，逐步引领他们学会进行理性的批判与质疑。

首先，教师要鼓励学生勇于对同伴质疑，引导学生思考：“他的结论对吗？如果不对，理由是什么？用什么方法才能证明他的结论是否正确？”

其次，教师要引导学生善于对自己质疑，可以这样思考：“我用什么方法解决了这个问题？我还能想出别的更好的方法吗？我的结论合理吗？怎样验证我的结论是否合理？我得到了哪些新的经验教训？”最后，教师要鼓励学生敢于对教师甚至对教科书质疑。鼓励学生用批判的眼光审视老师和教科书所呈现的知识、方法、定义、法则等，不盲目听信，对自己想不明白、弄不清楚的地方大胆质疑，积极探求其背后隐藏的道理。

古人训：“博学之，审问之，慎思之，明辨之，笃行之。”学生的批判质疑能力要在具体的数学学习过程中逐渐积累，经历一个不断激发、引导、感悟、提升的过程。教师要努力提供自由讨论、质疑探究的机会，让学生疑有所思、疑有所悟、疑有所得，持之以恒地对学生进行批判质疑能力的培养，才能真正培育学生思维的批判性、深刻性和创新性，有效地在课堂教学中落实核心素养的培养目标。

名师课例

三年级数学《认识小数》

执教者：吉林市第一实验小学　韩　巍

（一）活动一：说说生活中的小数，学会读、写简单的小数

1.尝试读小数，明确读法

师：这节课我们要认识一种新的数——小数，生活中你在哪里见过小数？

生：我在量体温的温度计上见到过表示体温的小数。

生：我在游泳池里见到过小数，表示水的深度。

生：我在商店里看到过表示商品价格的小数。

生：我在商店里看到过电子秤上面表示物品重量的小数。

生：我在泡温泉时看到过表示水的温度的小数。

……

师：老师也找到了一些生活中的小数（课件出示），这些小数你会

读吗？

师：我们先来读一读第一个小数（板书“3.15”），谁愿意来试一试？

生：三点一五。

师：有不同意见吗？老师在上一个班级上课时有的同学把这个小数读作“三点十五”，他读得对吗？

生：他读得不对，小数的读法和整数的读法不一样！

师：全班同学再来一起读一读！

生齐读：三点一五。（板书3.15读作：三点一五）

师：我们再来试着读一读第二个小数，会读吗？

生：会读，零点五零。（板书0.50读作：零点五零）

师：还剩下三个小数，体温计上的读数谁能来读一读？

生：三十六点七度。

师：姚明的身高和体重谁愿意来读一读？

生：姚明的身高是二点二六米。

生：他的体重是一百四十点六千克。

师：刚才这些小数同学们都会读了，老师这里有一些新的小数，这些小数你们会读吗？同桌两个一起来读一读这些小数吧。

90.9　28.03　76.76　200.20

同伴互相读，集体交流订正，重点说说易读错的小数怎样读。

师：刚才哪个小数读的时候有困难或出现错误了？

生：我在读200.20时读成了二百点二十了。

生：我在读76.76时读成了七十六点七十六。

师：我们大家用正确的读法再来读一读这两个小数。（学生齐读）

师：小数的读法和我们以前学过的整数的读法有区别吗？

生：有区别！

师：你能概括地说一说小数是怎样读的吗？

生：小数读的时候都读成多少点多少。

师：对，在读小数时中间都要读出一个“点”，这个点的名字叫做小数点，在读小数时要将小数点读出来。

师：小数点前面部分应该怎样读，后面部分又应该怎样读呢？

生：小数点前面部分要根据整数的读法读，小数点后面的部分一位一位读出数字本身。

师：小数点前面的部分称作整数部分，跟以前学过的整数的读法是一样的；小数点后面的部分叫小数部分，依次读出每个数字即可。

2. 尝试写小数，明确写法

教师：接下来我们再来一起尝试写写小数。在桌面上写出 3.15：先写整数部分，接着写小数点，要写在整数部分个位数字的右下角，再写小数部分。

（二）活动二：以元角分为背景，理解小数的含义

教师：只是会读和会写，还不能算认识了小数。真正认识它还需要知道每个小数表示的具体含义。这节课我们就先以最常见的商品价格为例，来认识和理解小数。

1. 理解以元为单位的小数的具体含义

出示多种商品的价格：

师：要买一本笔记本，应该付多少钱？

生：三点一五元。

师：三点一五元是多少钱呢？

生：三点一五元就是三元一角五分。

师：为什么是三元一角五分而不是三元十角五分呢？

生：如果是十角的话就变成了四元了。

师：所以这里的“1”表示的是“1 角”。

师：同学们能像这样分别写出每一种商品的价格表示的是几元几角几分吗？

学生在学习单上独立填写，与同伴说一说，之后集体汇报交流。

生：铅笔的价格是 0.50 元，也就是 0 元 5 角 0 分。

生：尺子的价格是 1.06 元，也就是 1 元 0 角 6 分。

生：钢笔的价格是 6.66 元，也就是 6 元 6 角 6 分。

师：6.66 元的各个数位上都是 6，那么每个六代表的意思一样吗？谁

能具体说一说？

生：第一个六表示六元，第二个六表示六角，第三个六表示六分。

师：说一说，以元为单位的小数各个数位上的数分别表示什么意思？（板书：元角分）

学生：点前面的数表示“元”，点后面的数表示“角”，角后面的数表示“分”。

师：自己写两个以元为单位的小数，说说具体含义。

师：谁能来说一说自己写的小数？

生：我写的是30.75，表示的是三十元七角五分。

生：我写的是8.15，表示的是八元一角五分。

生：我写的是9.01，表示的是九元零角一分。

生：我写的是1000.68，表示的是一千元六角八分。

2. 以元为单位，用小数表示几元几角几分

出示四幅人民币图：

师：你会用小数表示吗？

学生独立完成，集体交流，说说每个小数的含义。

师：你是怎样表示的？每个数位上的数分别表示什么？

生：第一幅图是2元2角2分，用小数表示是2.22元。

生：第二幅图是5元0角4分，用小数表示是5.04元。

师：5.04这个小数里面的“0”表示什么意思？

生：表示零角。

师：零角我们省掉不写可以吗？

生：不可以，因为这个“0”要用来占位，如果省掉就变成5.4了，表示五元四角了。

生：第三幅图是5.31元。

师：有不同意见吗？

生：第三幅图是0元8角1分，用小数表示是0.81元。

师：刚才那位同学将5角看成5元，要认真观察哦！

生：第四幅图是60.50元。

师：老师刚才看到有的同学写的是60.05元呀，他写得对吗？

生：这样写不对，60.50元里的“5”表示5角，60.05元里的“5”表示的是5分。

师：还有不同写法吗？

生：我写的是60.5元。

师：“5”后面的这个“0”他没有写，这样可以吗？哪些同学认为是可以的？

部分学生举手表示同意。

师：这个“0”如果在中间是不能去掉的，如果在小数的末尾其实是可以去掉的。去掉了这个“0”，前面的“5”照样可以表示“5角”，所以这位同学写的小数是对的。

3. 出示所有面值人民币，一共多少钱？用小数表示（188.88元）

师：老师搜集了所有面值的人民币，数一数，算一算，这一共是多少钱，并用小数表示出来。

生：一共是188元8角8分，用小数表示是188.88元。

师：全班一起来数一数，订正结果。

4. 介绍我国古代在小数研究方面的成就

师：同学们知道吗？小数这个名称最早是由我国的数学家提出来的，他的名字叫朱世杰。（课件展示）

师：我们国家古代的时候是用小棒表示数的，那么小数是如何表示的呢？人们把小数点后面的数放低一个格，这是世界上最早的小数表示方法。

（三）活动三：借助数硬币活动，进一步理解小数的含义

1. 用小数来数一数

师：同学们已经对小数有了一些了解，但其实小数表示的意义还不仅仅是这些，接下来我们来做一个摆硬币的活动，进一步理解小数的意义。

师：请同学们把硬币摆成一横排，边摆边数有多少枚硬币，是多少钱。

师：以前我们数硬币是一角一角数的，十个一角是一元。今天我们认

识了小数，你能不能用小数来表示呢？

生：能！

师：请同学们取出一枚硬币放到下面，谁知道用小数怎样表示这1角钱？

生：用小数表示是0.10元。

师：也可以简单地写成0.1元。数一数，1元里有多少个0.1元？

生：10个！

师：我们一起来亲自数一数，好吗？

生：1个0.1，2个0.1，3个0.1……10个0.1，1元里面有10个0.1元。

师：请同学们从1元中取出2角，能用小数表示出这2角钱吗？

生：2角用小数表示是0.2元。

师：请同学们再添上两枚硬币，现在是多少钱？用小数怎样表示？

生：现在是4角钱，用小数表示是0.4元。

师：接着再添上3角钱，现在是多少钱了？

生：现在是0.7元了！

师：那么你能取出0.9元吗？0.9元是几角钱？

生：0.9元是9角钱。

师：0.9元再添上1个0.1元呢？

生：就是1元。

2. 用分数来数一数

师：1角钱用小数表示是0.1元，它还可以用分数表示。1角钱用分数表示是几分之几元呢？

生：我认为是$\frac{1}{10}$元。

师：没错！那么1元里有多少个$\frac{1}{10}$元？我们再用分数来数一遍这些硬币。

学生集体数一数：1个$\frac{1}{10}$元，2个$\frac{1}{10}$元，3个$\frac{1}{10}$元……10个$\frac{1}{10}$元。

师：1元里有10个$\frac{1}{10}$元。请取出2角钱，用小数表示为0.2元，用分数呢？

生：$\frac{2}{10}$元。

师：再添上2角钱呢？

生：$\frac{4}{10}$元。

师：请同学们取出9角钱，并用分数表示出来。

生：9角钱用分数表示是$\frac{9}{10}$元。

师：$\frac{9}{10}$元再添一个$\frac{1}{10}$元是多少呢？

生：是1元。

3.填一填，看看有什么新的发现

师：一起来回顾一下，现在我们已经会用三种方法来数出这1元钱。你能将刚才数硬币的过程在学习单上填出来吗？

学生独立填写学习单，同桌间相互检查订正，全班一起读一读。

师：观察填写结果，你有什么新的发现？

生：我发现小数点后面的数和分数的分子是一样的。

师：她发现了分数和小数之间的联系！还有其他发现吗？

生：小数点前面都是零，因为不够1元。

生：每拿1枚硬币，分数的分子就增加“1”，小数点后面的数也增加“1”。

……

师小结：同学们通过刚才数硬币的活动，不仅知道了1元里有10个0.1元，1元里有10个$\frac{1}{10}$元，而且还通过观察发现了分数和小数之间的关系。你们真了不起！

（四）活动四：总结全课，引发对小数意义的进一步思考

师：今天这节课我们是借助人民币元角分初步认识和理解小数，其实

小数表示的含义非常丰富，在后面的学习中我们还将借助长度单位米、分米等其他具体实例来进一步理解和认识小数。

课例点评

《认识小数》是人教版小学数学三年级下册第七单元的起始课。这是学生第一次认识小数，教学时首先结合生活经验引导学生认、读小数，在大量生活实例中获得对小数的感性认识；接着通过具体情境，选取学生熟悉的元角分为背景，帮助学生理解小数的含义，并巩固小数写法。为后面学习“小数比大小”“简单的小数加减法”“解决实际问题”等内容奠定重要基础。

《认识小数》是数概念形成的重要课程内容之一，课堂上教师通过恰当的活动突出了对小数意义的理解，从生活经验的激发、实际意义的理解、数学模型的建立三个维度，帮助学生初步构建起对小数概念和实际意义的理解。在课堂上，教师特别重视激发学生的独立思考，鼓励学生勇敢质疑，在教学中有效落实核心素养之“批判质疑”能力的培养，引导学生澄清对小数认识上的迷思，更好地理解小数的意义，具体说来，主要呈现了以下几方面特点：

1. 充分调动生活经验，在有效交流中引发对小数的关注与思考

小数的概念是抽象的，但在生活中的应用却非常多，有广泛的现实意义和应用价值，学生在日常生活中已经积累了比较丰富的感性经验。教师在开课伊始设计了“生活中你在哪里见过小数”的数学问题，唤醒了学生的已有经验，创造提取生活经验的机会，搭建自由交流的平台。在教学中我们看到，学生呈现出了丰富的小数素材，让“购物、高度、质量、温度”等小数的生活实例得到了最大程度的交流与共享，抽象的小数概念被赋予了丰富的生活意义，成为课堂学习的有效资源。在相互介绍与交流过程中，学生参与主动思考：生活中这么多地方都要用到小数，这些小数分别表示什么意义呢？它们出现在不同的地方，表示的含义又有什么不同呢？不知不觉中就走进了小数的世界，对小数的认识与思考在课堂中自然

而然地发生，更好地为接下来的课堂学习助力。

2. 准确抓住矛盾冲突，在质疑释疑中形成对意义的正确理解

关于小数，学生虽然有一些生活经验，但这些零散的认识往往是模糊的、不确定的，甚至会存在错误。当课堂学习内容与学生已有经验出现不同、产生冲突时，很自然就会引发质疑。课堂上老师将学生这种认识上的偏差、理解上的“迷思”充分展现，从而引发更多学生的深入思考，在不断的质疑、释疑中纠正偏差，澄清“迷思”，从而更好地认识和理解小数。

例如在尝试读小数并理解实际意义时，提出了是否可以把“3.15 元”读成“三点十五元”的疑问。学生出现这样的错误理解，一方面是受整数读法的负迁移，当看到小数部分是“15”，自然会迁移整数读数的经验，读成“十五”；另一方面，没有找到小数表示方法中各数位与元、角、分之间的对应关系，没有真正理解小数表示的意义，而这种认知上的矛盾恰恰是教学的重点和关键。老师在学生遇到困难、出现问题时准确抓住矛盾冲突，充分关注学生思考的过程，给学生表达的机会，在充分的对比、讨论中逐步明晰方法，理解含义。讨论中学生解释说：“如果是 3 元 10 角 5 分，10 角就又够 1 元了，那不就是 4 元零 5 分了吗，用小数表示应该是 4.05 元呀”，学生的想法带有对小数意义的深刻理解，让更多的学生理解了小数的真正含义。

再如用小数表示人民币钱数时，对“5.04 元”中间的“0”和 60.50 元末尾的“0”可否省略不写产生怀疑。学生通过讨论逐步明晰：“5.04 元”里的“0”要用来占位，省掉就变成“5.4 元”，就表示“5 元 4 角”了，而“60.50 元”末尾的“0”可以去掉，前面的“5”照样可以表示“5 角”。在讨论释疑过程中，学生对小数的认识和理解更清晰，也更深刻了。

3. 深刻沟通内在联系，在回顾与反思中促进模型的初步建立

这节课，教师引导学生对小数意义的理解，没有仅仅停留在现实生活具体含义的层面，而是进一步从数学模型的角度，来帮助学生建立小数与

整数，特别是与十进分数之间的联系。在学生用小数表示不同钱数的活动之后，老师又设计了一系列“数硬币”的活动。让全体学生完整经历了三次“数硬币”钱数的活动：第一次数复习整数的意义；第二次数突出小数的意义，初步感知小数的计数单位；第三次数回顾分数的表示方法。之后又通过对活动过程的梳理与反思，引导学生发现小数与十进分数之间的内在联系，获取更深层次的数学理解。

此外，教师巧妙地把硬币摆在方格内，非常直观地架构起人民币隐性的十进关系与长度单位显性的十进关系的联系，为下节课借助长度单位等其他数学模型进一步理解小数意义奠定了很好的基础。这样的匠心设计，把小数从学生的生活经验和已有认知中逐步抽象出来，从数学模型的高度建立起对于小数意义的理解，使数的概念教学在有层次的数学活动中，逐步丰富、完善和提升。

4. 把“批判性思维”作为常态目标，有效落实和体现在课堂教学活动中

学生的批判质疑能力要在具体的数学学习过程中逐渐积累，经历一个不断激发、引导、感悟、提升的过程。在教学中，我们不能止步于学生的“正确回答”，而要深入探究“核心本质”。一方面，要有意识地提出一些易混淆的概念，或呈现一些不同的见解和方法，让学生去辨别、比较，引导学生进行深入的思考和批判；另一方面，要依据学生的认知规律，在新旧知识的衔接处、认识理解的关键处引发认知冲突，充分激发学生潜能，在争论、碰撞、反思中发现原有认识和理解上的不足，自觉修正或改变之前的想法，最终形成正确的认识，找到正确的方向，逐步培养学生思维的批判性、深刻性和创造性。

点评专家：吉林市第一实验小学　孙智信

要点六　勇于探究

要点解读

《中国学生发展核心素养》中指出“勇于探究”的内涵是：具有好奇心和想象力；能不畏困难，有坚持不懈的探索精神；能大胆尝试，积极寻求有效的问题解决方法等。

“探究”一词在现代汉语词典中的意思是：探索研究，探寻追究。什么是探究？从广义上说，探究是人在遇到问题时自发产生的一种探求答案的欲望和伴随而来的一系列思维和行为方式。对于探究的具体定义，可以借鉴 1996 版的美国《国家科学教育标准》中对探究的相关论述：探究是多层面的活动，包括观察；提出问题；通过浏览书籍和其他信息资源发现什么是已经知道的结论，制订调查研究计划；根据实验证据对已有的结论做出评价；用工具收集、分析、解释数据；提出解答、解释和预测；交流结果。探究要求确定假设，进行批判的和逻辑的思考，并且考虑其他可以替代的解释。

勇于探究作为核心素养的基本要点，反映出我国新时期对高素质人才的需求方向：首先，是偏重于对未来人才探究意识的期待。勇于探究，重点是有百折不挠的探索精神、积极求知的主观愿望。未来社会是终身学习、终身发展的社会，积极主动的探究意识将成为推动个体发展的重要动力之一。其次，是关注未来人才探究能力的增强。随着知识经济、全球化和信息社会的快速发展，传统的以知识为核心的人才已越来越难以满足社会发展的需求，而善于创新的探究型人才，将成为最具核心竞争力的新宠。因此新课改中倡导以探究性学习来促进学生学习方式的变革，其突出特点是教师引导学生对有关学习内容进行深入探讨研究，以寻找答案、解决问题的过程和活动的方法。它的实施就是让学生以自主、能动的方式在学习过程中掌握知识，获得能力，习得科学方法，养成科学态度和科学精神。在探究过程中，教师要有目的、有计划地激发学生的探究兴趣与热情，以形成学习动机为重点，使学生对探究过程充满好奇，变“要我学”为“我要学”，培养学生勇于探究的素养。重点突出以下几点：

1. 尊重学生的主体地位，充分激发学生勇于探究的愿望

“思维是从疑问和惊奇开始的”，小学生的好奇心强烈，求知欲旺盛。激发学生的好奇心和求知欲是培养学生勇于探究的推动力。教师在教学中要尊重学生的主体地位，通过创设情境激发学生兴趣，引发学生的好奇心，促使学生产生探究的愿望。

2. 尊重学生的人格，师生平等对话，不“唯上唯书”

教师要营造良好的学习氛围，使学生在平等、宽松、活泼的情境中，在教师的关怀与鼓励中，不断获得人格上的尊重。要引导并鼓励学生异想天开、大胆求异、勇于实践，当学生有某些新颖想法时，要给予恰当的正面引导。培养学生敢说、敢想、敢于打破常规的精神，追求标新立异，尝试用另一种思维，另一个角度去思考，鼓励学生不迷信权威，不轻易相信一切结论，而是通过自己的独立思考去判断真伪。

3. 重视学生的成功体验，鼓励学生不畏困难、勇于探究

能在学习中获取成功并经常体验到成就感的学生，会表现出更强烈的学习兴趣，这是心理学给我们的重要启示。学生在探究的过程中体验成就感，在发现规律、找到答案、解决问题、完善方案的过程中获取成功，可以有效地激发学生勇于探究的信心。教师要重视学生不畏困难等心理品质的培养，积极鼓励学生克服困难，为不同程度的学生提供不同的帮助，并引导他们扬长避短，发展个性专长，获得成功的体验。教师要帮助学生总结成功的原因，分析失败的教训，积累解决问题的经验和信心。

4. 重视探究过程的体验，逐步提高学生的思维品质，乐于探究

教师在教学时，不要一味追求学生知识的获得，要多让学生体验探究的过程，多让学生体验数据分析、整理的过程，多让学生体验探讨交流的过程。在这些过程中，让学生体会到事实是讲证据的，真理是需要重复验证的，科学也是有局限的，使他们逐步提升思维品质，养成谨慎求证的学习态度，乐于探究。

5. 重视“进步史”的教学，了解社会进步需要勇于探究

小学阶段，无论是社会学科还是自然学科，有许多关于人类社会发展史的教学内容。教学中，教师有针对性地介绍人类不畏艰苦、勇于攀登的故事，介绍他们在探索未知领域的过程中所表现出的强烈求知欲和好奇心，以及严谨求实的工作作风、锲而不舍的探究态度，能给学生以启迪和熏陶，使学生明白：探究不仅需要智慧，还需要勇于挑战的勇气，唯有如此才能体验到探索的乐趣。

6. 重视学生解决问题的思维过程和思维策略，不提供现成结论和解决问题的方法

在教学过程中，要使用发散提问、延迟评价、指导发现、实验观测、激疑存疑、问题解决等教学方法，引导学生求知、求解、求证。在学习方法上，注重引导学生发散思维、多向求解、方法创新，激发学生勇于探究的信心。

7. 重视依据学生的认知特点和认知需要选择教学方法

在教学过程中，要充分考虑学生的认知特点和认知需要，体现民主和谐、求异求优、启发探索、实践操作、成功激励等教学思想，所涉及的活动尽可能富有儿童情趣。在教学过程中，要使用发散提问、延迟评价、指导发现、实验观测、激疑存问、问题解决等教学方法，引导儿童求知、求解、求证。

名师课例

五年级科学《马铃薯在液体中的沉浮》

执教者：吉林市丰满区第二实验小学　李　璐

（一）导入

师：这有两杯液体，分别是1号和2号。请你仔细观察这两杯液体，看看它们一样吗？

生：一样。

师：你们都认为这两杯液体是一样的？

生：是。

师：这是什么？

生：土豆。

师：我们也叫它？

生：马铃薯。

师：我可以让这个马铃薯乖乖听我话。你们信不信？

生：不信。

师：不信我们来看。

（教师演示实验）

（二）提出问题

师：你看到了什么现象？

生：马铃薯在1号杯里沉下去了，但在2号杯里却浮起来了。

（板书：马铃薯 1号 ↓ 2号 ↑）

师：你们都看到了这样的现象，同一个马铃薯放在一个杯中沉，放在另一个杯中浮，是这样吗？

生：是。

师：那是什么原因呢？好，这节课我们就一起来研究《马铃薯在液体中的沉浮》。

（板书课题：马铃薯在液体中的沉浮）

（三）科学探究

1. 观察比较两种液体

师：是什么原因呢？

生：可能是两杯液体不一样。

生：我觉得是两杯液体的成分不一样。

生：有可能是某一杯液体里溶解了什么物质。

师：你们说这两杯液体不一样？

生：不一样。

师：都是这么想的？

生：是。

师：如果我们认为，两杯液体是不一样的，你有什么方法能够证明？

生：可以尝一尝。

生：我认为不能尝，要是液体有毒的话，尝了会有危险的。

师：我们能不能尝？

生：不能。

生：我觉得可以把它们拿操场上晒一晒。

师：晒到什么程度？

生：晒到要干的程度。

师：为什么要把它晒干呢？

生：因为晒干，液体蒸发了，就能看到有没有物质留下，可能是溶解在清水里的某种物质让马铃薯浮了起来。

师：课堂时间内把整杯液体拿到操场上晒吗？

生：不行。

生：那样速度太慢了，我们可以用蜡烛或酒精灯加热液体。

师：整杯液体都加热吗？

生：为了节省时间，可以分别取少量液体进行加热。

师：好，我们把这样的做法叫“液滴加热”。要怎样进行“液滴加热”

实验呢？同学们小组内说一说。

（学生讨论）

师：谁来说说？

生：我们先点燃蜡烛，然后，用两支滴管分别从1号杯和2号杯里取少量液体，分别滴到两个燃烧匙里进行液滴加热。

师：在加热的过程中，我们要注意些什么呢？

生：加热的时候，不要离眼睛太近。

生：点火柴的时候要注意安全。

生：加热时用外焰加热。

师：我们来看实验要求（PPT出示）。一会儿，你们在实验过程中，要仔细观察，认真做好记录。当你发现，燃烧匙里的液滴即将变干，快要完全蒸发掉前，就要停止加热。好，现在开始实验。

（学生实验，教师巡视指导）

师：你看到了什么现象？有什么发现？

（学生汇报）

生：我看到1号杯的液滴加热后，什么物质都没留下，而2号杯的液滴加热后留下了白色粉末状的物质。这说明能让马铃薯浮起来的液体里有白色粉末状的物质。

师：你们其他小组的实验结果和他们的一样吗？

生：一样。

师：都看到了一样的现象吗？

生：是！

师：你们猜测一下这两杯可能是什么液体？

生：1号杯，可能是清水。

生：2号杯，可能是糖水或盐水。

师：你怎么知道的？

生：因为从2号杯里取的液滴蒸发后，留下了白色粉末状的物质。

师：白色粉末状的物质就是白糖或食盐吗？

生：也有可能是洗衣粉。

师：这个白色粉末，还可能是什么？

生：还可能是奶粉、面粉。

师：现在，大家能不能说说，能让马铃薯浮起来的液体有什么特点？

生：加在2号杯里的白色粉末能让马铃薯浮起来，这个白色粉末很有可能是食盐，也就是说食盐水可能让马铃薯浮起来。

师：你说得有道理。没错，2号液体的确是李老师在清水中溶解了一些食盐，它还是清水吗？

生：不是。

师：这样的液体和清水的性质一样吗？

生：不一样。

师：要想改变马铃薯的沉浮就要改变液体的——

生：性质。

（板书：性质）

师：改变液体的性质会改变物体的沉浮。那是不是只要在清水中溶解了食盐，马铃薯就一定能浮起来？

学生：是。

2. 调制液体 进行实验

（1）第一次调制。

师：老师给你们每组准备了实验材料，现在就请同学们快速地调制杯液体，看看你们的马铃薯能不能浮起来。

（学生实验，教师巡视指导）

师：马铃薯浮起来没有？

生：没有。

师：刚才你们说清水里溶解了食盐，马铃薯就能浮起来，这个马铃薯为什么没浮起来？

生：可能是食盐的量加得不够。

生：可能搅拌不够均匀。

（2）第二次调制。

师：充分搅拌溶液你们能做到。现在，老师给你们每组准备了充足的食盐，请你调制一杯能使马铃薯刚好浮起来的液体。想一想，我们怎么加食盐更好些？

（学生讨论）

师：谁说一说？

生：一勺一勺地加食盐，边加边搅拌。

师：为什么要一勺一勺地加？

生：因为这样可以看出食盐加到多少勺的时候，马铃薯能刚好浮起来。

师：说得太好了！那你能保证每次取的食盐的量是完全一样的吗？

生：不能。

师：那怎么办？

生：尽量盛得满一些，不要太多也不要太少。

师：我们规定一下，每次盛取食盐的量为这样满满的一勺。在调制的过程中，要注意些什么呢？

生：搅拌时不要碰到杯壁和杯底。

生：用勺取完食盐后，手尽量不要抖。

生：要让食盐充分地溶解。

师：好，我们来看实验要求（PPT 出示）。希望你们在实验过程中，仔细观察，认真做好记录。实验开始！

（学生实验，教师巡视指导）

3. 得出结论

师：黑板上有一个实验结果汇总表，请每组的记录员快速到前面来填写。其他同学，整理实验材料。

（记录员填表）

师：看！这是我们的实验结果，你们有什么发现？

生：马铃薯都浮起来了！

生：我发现有的组加了 4 勺食盐，马铃薯浮起来的，有的组是加了 5 勺食盐，马铃薯浮起来的。

师：勺数不一样，是什么原因呢？

生：可能是每组同学用勺子盛取食盐的量不同，所以才导致勺数不一样。

师：刚才规定的要满勺，怎么还会有这样的现象呢？

生：因为我们无法保证每个人盛取食盐的量完全相同。

师：好。第一次调制，在清水中我们也加了食盐，马铃薯浮起来没有？

生：没有。

师：为什么第二次我们调制的液体能让马铃薯浮起来？

生：这就证明了我们刚才的猜想，可能是因为加的食盐不够多，马铃薯没有浮起来，这回我们加了足够多的食盐，马铃薯就浮起来了。

生：我们调制的这两杯液体的浓度不同。

师：怎么知道浓度不同的？

生：两次加入的食盐的量不同。

师：现在，你能说说什么样的液体能够改变物体的沉浮吗？

生：高浓度的液体。

生：达到一定浓度的液体能改变物体的沉浮。

师：说得好！还有哪些物质可以改变物体的沉浮呢？

生：白砂糖、小苏打、味精。

生：淀粉。

教师：白砂糖或小苏打等物质，能使马铃薯浮起来，这只是我们的猜测。究竟这些物质能不能让马铃薯浮起来，我们还要通过大量的实验来验证。能使马铃薯浮起来的物质还有很多，李老师希望你们能够积极探索，勇于实践，验证你们的猜想，看看还有哪些物质能让马铃薯浮起来。

（四）联系生活 拓展延伸

师：你们知道这是哪里吗（PPT 出示）？

生：死海。

师：好，我们通过一段视频来了解一下死海。

（播放视频）

师：同学们，你们能不能利用今天所学的知识来解释“死海不死”的现象？

生：死海里的水含有大量的盐，所以人能浮在上面。

生：因为死海的含盐量很高，盐水达到了一定浓度，所以人在死海里能浮起来。

（五）小结

教师：同学们能将所学的知识学以致用，真好！究竟什么样的液体才能够改变物体的沉浮呢？物体在不同液体中的沉浮，究竟有什么样的秘密呢？这个问题我们下节课再研究。

课例点评

《马铃薯在液体中的沉浮》是教科版小学科学教材五年级下册第一单元“沉和浮”中的第7课。本单元的教学活动多是以学生认知发生矛盾冲突及产生的问题来引导和驱动的。本课分为四个部分，分别是“马铃薯的沉浮”“观察比较两种液体”“调制一杯使马铃薯浮起来的液体”和“阅读资料”，主要研究不同浓度的液体，对马铃薯沉浮的影响。其中，调制一杯能使马铃薯浮起来的液体，可以使学生看到只有在液体中溶解足够的物质时，马铃薯才能浮起来，渗透了改变液体密度会影响物体沉浮的概念。

本课的教学价值在于通过探究，能使学生明白一定浓度的液体可以改变物质的沉浮。纵观全课，学生经历的是一个十分典型的观察—发现—推测—验证的科学探究过程，一系列思维上的矛盾冲突后对学生形成科学的研究思想和方法是很有帮助的，重点体现了核心素养中勇于探究的培养，呈现以下几方面的特点：

1. 基于问题发现，激发勇于探究的愿望

（1）创设真实问题情境，用好奇心引领探究思维生成。

布鲁纳认为：“学习者在一定的问题情境中，经历对学习材料的亲身体验和发展过程，才是学习者最有价值的东西。”所以在科学课堂上，要

以问题为载体，激发学生的探究欲望，而科学问题情境则是教师促使学生探索求解的基础所在。《马铃薯在液体中的沉浮》这节课，在创设问题情境时特别突出了真实性和趣味性，通过一个像小魔术的对比实验，演示同一个马铃薯在两杯同样多的液体中一沉一浮，激发学生的好奇心和思维活力，让其从现实中发现问题，并提问，猜想。“为什么马铃薯在两杯液体中沉浮不同”问题的提出建立在真实的情境上，是由学生观察后思考提出来的，尊重学生的思维发展，调动了学生的直接经验，激发了他们继续探究的愿望。

(2) 创设“认知”冲突，用质疑激发持续的探究欲望。

在科学课堂上，科学的思维方式、对科学的理解、科学的态度与价值观，以及运用科学知识和方法解决问题的意识和能力等科学素养是无法像知识那样直接教给学生的，教师必须通过组织一个个科学探究活动，让学生在参与这些活动中感受、体验并内化科学素养。李老师在执教《马铃薯在液体中的沉浮》这一课时，在液滴加热实验环节，学生看到有白色颗粒析出，马上就有人断定这是盐，教师没有马上给出答案，而是提问思考，这种说法是否准确、科学？学生依据真实的生活经验，通常马上会猜是盐，这个猜想是符合学生的思维的，教师没有给出答案反而是能抓住时机不断地引导学生质疑、解疑，创设认知“冲突”，发散学生的思维，激发学生持续的学习兴趣和探究欲望，有利于提升学生的科学学科素养。

2. 基于问题解决，创设充分探究的空间

(1) 注重探究的实践性，为学生提供自主探究的空间。

美国试听教育家戴尔曾提出“经验之塔”的理论，提倡教师应创设真实、丰富的情境，让学生去更多地获取直接经验，而避免过多地被动接受间接经验。在《马铃薯在液体中的沉浮》这一课中，教师有意识地强化学生的实践探究能力，在调制使马铃薯浮起的液体这一环节，教师提问：“白色颗粒可能是什么？生活中有没有类似的？”立足真实的生活，将生活与科学相联系，学生运用原有的生活经验，开展了“用盐、味精、糖调制

魔法水”的活动。这个活动既揭秘了开头魔术的秘密，又让学生在实际动手操作中理解了“当液体中溶解的物质达到足够量时，才能改变物体的沉浮”的道理，让学生在充分的自主探究过程中大胆尝试，进行求真求实的思考，达到了知其然更知其所以然的效果。

（2）联系实际的拓展延伸，让学生学会在生活中用科学。

《科学课程标准》指出：“引领他们到校园、家庭、社会、大自然中去学科学用科学。科学课程的开放性，表现在时间、空间、过程、内容、资源、结论等多方面。”小学科学课将学科知识进行课后延伸，可以进一步巩固课堂所学的知识和技能，同时还能给学生形成课堂里的科学活动跟生活是密切相关的印象，激发其在日常生活中勇于探究、谨慎求证的学习态度。本课最后的拓展环节，教师从马铃薯过渡到人，很自然地提出“能不能让人也浮起来”？引用了地理知识“死海”，从科学的角度分析“死海淹不死人”的秘密，引导学生运用所学知识解释了地球上一个奇怪的自然现象。

（3）基于合作学习，扩大探究的路径。

在科学教学中开展合作探究学习，集思广益、各抒己见，既在探究中体现自己的个人价值，又能感受集体探究的强大力量，探究科学的兴趣就会越来越强。在教学中，只要教师恰当地设计好合作核心任务，把握好合作学习的契机，就能促使学生在和谐、愉快的合作氛围中成为科学探究的主人。在《马铃薯在液体中的沉浮》一课中，教师针对本节课的难点“改变液体的浓度可以使物体沉浮”设计“让马铃薯浮起来的”小组合作探究实验，合作过程中要求明确、合理分工，充分调动了学生集体探究的积极性。在汇报环节，教师在一旁充当引导者，运用数据分析的方法，让学生在直观观察的同时进行个体与个体、小组与小组的思维碰撞，适时地引导学生思考：“使马铃薯浮起来的物质只有这三种吗？”这个问题其实是让学生理解“溶解”这个关键条件，虽然教师并没有将化学中“溶质”的概念提出来，但是学生已经能明白加入的这种物质要能溶解。教师将化学的“溶解”概念与物理的“沉浮”概念结合渗透，在亲身经历合作探究的过程后，学生很容易理解。

总之，从整体上来看，本节课的教学环节简洁清晰，层次递进，教学重难点达成度高，教师充分利用问题设计激发了学生的探究欲望，利用任务驱动突显了学生探究的主体性，发展了学生勇于探究这一核心素养。

点评专家：吉林市教育学院　李沫寒

第二部分　核心素养之：自主发展

自主性是人作为主体的根本属性。自主发展，重在强调能有效管理自己的学习和生活，认识和发现自我价值，发掘自身潜力，有效应对复杂多变的环境，成就出彩人生，发展成为有明确人生方向、有生活品质的人。

专题三◆学会学习

中国学生发展核心素养第二部分自主发展包括学会学习和健康生活两个专题。

学会学习是自主发展的重要标志。学会学习是为了达成终身学习的目标，而终身学习则是实现个体的全面发展和适应社会发展需要的重要路径。正如美国未来学家所说“未来的文盲不再是不识字的人，而是没有学会怎样学习的人”。因此，要高度重视和培养学生学会学习，使其掌握终身学习大门的钥匙。

如何引导学生学会自主学习呢？主要包括三个方面：乐学善学、勤于反思、信息意识。

要点七　乐学善学

要点解读

《中国学生发展核心素养》中指出，“乐学善学”的内涵是：学生能正确认识和理解学习的价值，具有积极的学习态度和浓厚的学习兴趣；能养成良好的学习习惯，掌握适合自身的学习方法；能自主学习，具有终身学习的意识和能力等。

“乐学善学”是核心素养中学会学习的重要组成部分，是发展学生自主获取知识的愿望和能力。内涵分别从态度、方法、能力三个方面阐述了对“乐学善学”的要求，学生学习的重点是“乐学善学”。“乐学”是学习的起点，“善学”是学习的归宿。简单地说，“乐学”就是要引导学生明确学习的意义与价值，激发学生的学习兴趣，引导学生喜欢学习，愿意学习，对学习充满兴趣、对求知充满渴望，积极主动地参与到学习活动中来；而“善学”则是要让学生形成良好的、必备的学习习惯，既能进行自主学习，也善于和同伴合作交流，掌握科学的、个性化的学习方法，并逐步形成学习能力。主要包括注意能力、观察能力、记忆能力、想象能力、思维能力和实际操作能力，同时要学会适应现代社会的发展需求，能不断获取新知识，掌握新技能，接受新观念，通过不断完善自我，形成终身学习的意识与能力。“乐学善学”，需要在课堂上激发兴趣、习得方法、提升能力，因此教师要以“乐教善教”促进学生的“乐学善学”，让核心素养真正扎根课堂。

那么，怎样培养学生的“乐学善学”呢？

1. 营造融洽的学习氛围，调动学生“乐学”的情感

课堂是知识学习的前线，是能力培养的阵地，是师生思想碰撞的舞台，也是生生交流的乐园，因此，营造“乐学”的课堂氛围，是提高学生核心素养的有效途径。要让课堂呈现出宽松、平等、欢乐、和谐、生动、活泼的氛围，形成教师乐教善教、学生乐学善学的良好局面，这样才能够调动学生乐于学习的情感，促进学生积极主动地参与学习，培养学生热爱学习的兴趣。教师要根据学生对象、教材内容等，合理地选择教学手段，科学设计教学流程，让学生在鲜活、丰富、发展的环境中不断高涨学习情绪。同时，还要注重激励性的评价，充分挖掘学生的潜能，尽可能多地为学生创造成功的机会，关注学生在学习过程中的表现，从多个角度去观察、评价和接纳学生，用发展变化的眼光看待学生，让学生体验到成功的快乐。从而，引导学生逐步形成和强化“我喜欢学习”“我一定能学好”“我的学习能力很棒”等意识，增强学生乐学的信心，保护学习的积极性和热情。

2. 创设有用的问题情境，引发学生“乐学”的兴趣

苏霍姆林斯基认为，“兴趣是点燃学生求知欲的第一朵火花”。心理学也证明，人在有兴趣时会伴随着血液循环的亢奋，使大脑皮层得到充分的营养，并把观察、记忆、思维、想象等各种心理活动都调动起来，呈现出积极活跃的状态。兴趣具有指向性、情感性、动作性，能够引起高度的注意，激起饱满的热情，产生克服困难的坚强意志，只有学生对学习内容本身产生求知欲，学生才能享受一种沉浸于学问探究的快乐体验。以“问题情境”为基础，就有利于激发学生的学习动机和探索欲望。问题的设置要从学生熟悉或感兴趣的素材入手，要具有一定的思想价值，能够调动学生的学习积极性和主动性，最大限度地唤醒学生探索的欲望。

3. 调动感官的多种活动，引导感悟“乐学”的收获

学习活动应从学生的心理特点出发，从学生的生活经验和已有的知识

背景出发，给他们提供充分的从事学习活动和交流的机会，帮助学生提高学习的自主性，真正理解和掌握知识与技能。在整个学习过程中，突出学生在课堂上的主体地位，鼓励学生充分观察、动手操作，引导学生人人动手、自主探究。比如，在教学中，可以让学生经历“想一想”“玩一玩”“摆一摆”“说一说”等活动，促使学生主动地参与教学实践；也可以借助图像和动画等多种信息，刺激学生的多种感官，使教学内容形象化、趣味化和多样化，让学生用多种感官参与学习，突破难点，激发学习兴趣。同时，要有意识地培养学生的语言表达能力和交际能力，让学生感受到成功的喜悦，在课堂上保持浓厚的兴趣，体验学习带来的收获。

4. 采用正确的学习方式，不断锤炼“善学”的方法

每一个人，都具有强大的自主学习潜能，教师要引导学生成为学习的主人，提高学生独立学习、善于思考、勇于发现、及时总结、敢于创新等能力。只有学会学习、善于学习，才能在激烈的社会竞争中求得生存。“学会”指向知识与技能，“善学”指向过程与方法，“乐学”指向情感态度价值观。在课堂上必须给学生留出充分的探索空间，为学生提供乐学、善学的空间和平台。从“学会”到“善学”，再到“乐学”，引导学生以“自主、合作、探究”等方式去学习，采用“个别学习、同桌学习、小组学习、大组讨论、学生讲解、质疑解惑”等多种方式去学习。教师作为学生学习的组织者、引导者、合作者，根本任务是适时启发诱导学生；而学生作为参与者、探索者、发现者，主要任务是通过自己的探究，发现新事物、学习新知识、总结新方法、形成新能力。

5. 实现学生的自我发展，逐渐形成“善学”的能力

学生是学习和发展的主体，要逐渐形成善学的能力，就要大胆地放手让学生自主地去尝试，去实践，去探索，尽可能多地要求学生自己学，学生能做的教师决不包办。保护学生强烈的求知欲和进取的精神，鼓励学生养成自主学习的习惯，培养学生及时预习复习，善于积极思考，愿意讨论交流，善于发现总结，保持思维活跃，敢于质疑问难，提高应用意识等能

力，在这样的学习过程中，逐步培养学生留心观察周围事物的习惯，并自觉把所学知识与现实中的事物建立联系，形成用知识、思想、方法等尝试解决问题的能力，形成善于对信息主动获取、整合、转化、再创造的学习能力。

名师课例

二年级数学《有余数的除法》

执教者：吉林市第一实验小学　宋　磊

（一）创设情境，引出问题

1. 猜谜语

师：今天的数学课，我们先来猜一个谜语。打一物体："受到吹捧就自大，没人吹捧就叹息。外表看来圆又大，遇到打击就暴躁。"

生：是气球。

2. 猜气球颜色

师：把气球排上序号。宋老师背对着屏幕，只要你说出一个气球的序号，我就能猜中它的颜色，信不信？

生：不信。

师：请你说出一个气球的序号。

生：11

师：我猜它是黄色。

生：猜对了。

生：24

师：我猜它是蓝色。

生：又猜对了。……

师：这是怎么回事呢？

生：气球是按照顺序排列的。

师：同学们说得对不对呢？就让我们带着这些思考和疑问走进今天的

数学课。

（二）探索交流，构建模型

1. 在“分糖果”的活动中体会“有余数除法”的产生及含义

师：今天宋老师给同学们带来了你们最喜欢的东西——糖果。有多少块呢？我们一起来数一数。

生：1、2、3……10。一共10块糖。

（1）交流分法。（平均分，正好分完）

师：如果宋老师想把这10块糖平均分给一些小朋友，可以怎么分呢？每个小朋友分几块糖？能分给几个小朋友呢？

板书：学生到前面实际分一分，其他同学要认真观察。

生：10块糖，每个小朋友分5块，分给2个小朋友。

反馈：

①你能把他的分法用一个算式表示出来吗？

生：10 ÷ 5 = 2（个）。

②谁能说一下这个除法算式中每一个数表示的含义？

生：10块糖，每个小朋友分2块，分给5个小朋友。10 ÷ 2 = 5（个）。

生：10块糖，每个小朋友分1块，分给10个小朋友。10 ÷ 1 = 10（个）。

（2）交流分法。（平均分，分完还有剩余）

①师：除了这几种分法，还有没有不同的想法？

生：10块糖，每个小朋友分3块，分给了3个小朋友，还剩1块。

师：这种分法有没有可能？

生：有可能。

师小结：这种分法是先把总数按照每份同样多，进行了平均分，平均分完以后还有剩余的。

②师：你能像刚才一样，用一个算式表示他的这种分法吗？

师小结：同学们刚才所展示的这些算式，都很好地表示出了“10块糖，平均分给3个小朋友，每个小朋友分3块，还剩1块”。在数学上，我们一般把它写成这样的算式：10 ÷ 3 = 3（个）……1（块）。

师：谁能试着读一读这个算式？

生：10除以3等于3个余1块。

③描述每一个数表示的含义，引出——“余数”。

师：你知道这个算式中各个数表示的是什么意思吗？

师：在除法中，我们知道这个数叫——被除数，这个数叫——除数，这个数叫——商。那么，商后面的这个数可以叫做什么数呢？

生：余数。

师：能用你自己的话说一说什么是“余数”吗？

生：分完以后剩余下来的数。

（3）结合分法，自己列出几个类似的算式。

师：除了这种分法，怎样分，还会出现这种有剩余的情况呢？

要求：请你用10根小棒代替糖果，先动手分一分，再试着列出算式，写在课堂活动记录单的横线上。

生：$10 \div 4 = 2$（个）……2（块），$10 \div 6 = 1$（个）……4（块），等等。

（4）区分、比较，总结“有余数除法”的含义。

师：刚才，我们把10块糖果平均分，想出了这么多种分法，列出了这么多种算式，这些算式之间有什么联系和区别呢？

①找两类算式的联系。

师：先说说，它们有什么共同的地方吗？

生：都是平均分。

生：都能用除法计算。

生：都有被除数、除数和商。

②找两类算式的区别。

师：它们又有什么区别呢？

生：左边的算式都是正好分完，右边的算式都是分完有剩余。

师小结：像这样，平均分以后有剩余的除法，在数学上叫做——有余数的除法。

③用你自己的话说一说什么样的除法是“有余数的除法”。

生：平均分完以后还有剩余的除法就是有余数的除法。

④教师简单介绍“余数”的来历。

在很久很久以前，一些猿猴刚刚转变成人，他们以打猎为生。可是猎物常常太少，他们必须把食物平均分开，否则就会有人饿死，但是在分食物的时候，人们经常发现：每个人分到相同数量的食物以后，还会剩下一些，可是这些食物又不够再分一次，于是这就启发了后来的人们认识到数学除法运算中的余数。

早在1500年前，我国古代数学名著《孙子算经》中，记载了这样一个问题：“今有物不知其数，三三数之剩二，五五数之剩三，七七数之剩二，问物几何?”这是世界上最早提出剩余问题的书面记载。就是：“有一批物品，3个3个地数余2个，5个5个地数余3个，7个7个地数余2个，问这批物品最少有多少个?”

2. 质疑：对于今天认识的有余数除法，你还有什么疑问?

3. 用“有余数除法”解释课前老师“猜气球颜色”中的秘密

（1）发现规律。

师：现在，我们回过头看看，课前宋老师为什么能够那么准确地猜中气球的颜色，这其中藏着什么秘密呢？你知道了吗?

生：3个气球为一组，分完组后，剩余的气球余1就是红色，余2就是黄色，余3就是蓝色。

（2）应用规律。

师：以第13个气球为例，验证你们刚才的想法。

生：（ 13 ） ÷3 = （ 4 ）组……（ 1 ）个。

教师：再选择一个气球，列出算式，求出余数，看看根据余数是否能够判断出气球的颜色。（　　） ÷3 = （　　）组……（　　）个。

4. 体会有余数除法在生活中的应用

师：其实，除了刚才的这组按规律排列的气球需要用到这节课的知识，“有余数的除法”在我们的生活中还有很多的应用。

生：做游戏分组，比如抢凳子、抱团游戏，会有剩余人数。

生：租车、租船问题。

生：商店、超市、果园的装箱问题。

生：钉扣子、量布做衣服。

（三）解释应用，拓展延伸

练习一：圈一圈、分一分，并列出算式。

1. 17 个★，2 个 2 个地圈。

★★★★★★★★★

★★★★★★★★

圈了（　　）组。

剩下（　　）个。

2. 23 个●，3 个 3 个地圈。

●●●●●●●●●●●●

●●●●●●●●●●●

圈了（　　）组。

剩下（　　）个。

生：17 ÷ 2 = 8（组）……1（个），23 ÷ 3 = 7（组）……2（个）。

练习二：比一比，有什么不同。

3. 圈一圈、画一画，并列出算式。

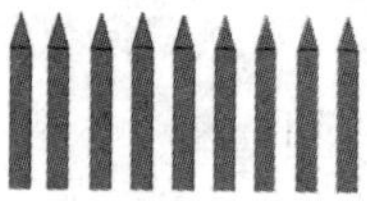

（1）9 支铅笔，每人分 2 支，可以分给（　　）人，还剩（　　）支，圈一圈，把分的结果圈出来。

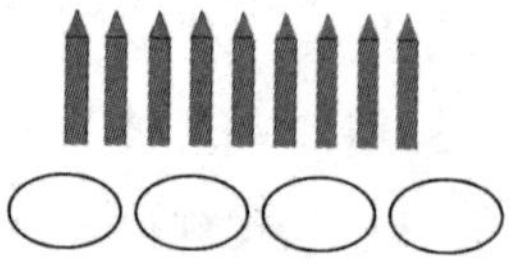

（2）9 支铅笔，平均分给 4 个人，每人分到（　　）支，还剩（　　）支，把分的结果画出来。

生：（1）9 ÷ 2 = 4（人）……1（支）。

（2）9 ÷ 4 = 2（支）……1（支）。

师：两个算式非常相似，但是表示的意思不同，要注意题目中的表述。

4. 看图列式。

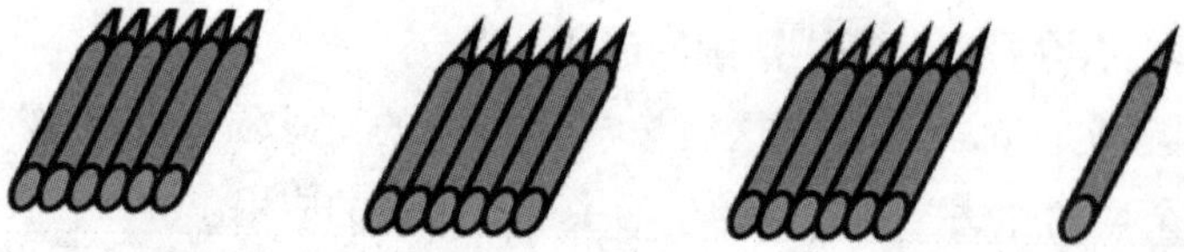

师：这一幅图可以列出几个算式？

生：这一幅图可以列出两个算式。

生：(1) 19 ÷ 6 = 3（组）……1（支）。

(2) 19 ÷ 3 = 6（支）……1（支）。

5. 分面包。

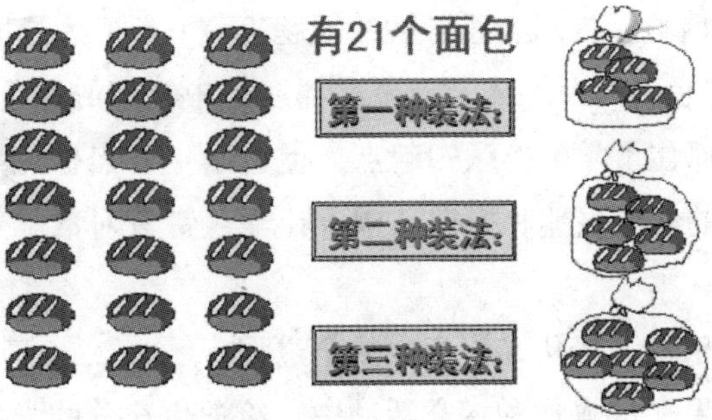

师：你想选择第（　　）种包装方法，这些面包可以装（　　）袋，还剩（　　）个。并列出除法算式。

（四）小结

师：今天我们一起认识了有余数的除法，你有哪些新的认识或收获？

课例点评

《有余数的除法》是人教版小学数学二年级下册的教学内容。生活中，我们在平均分物品时常常会出现两种不同的情况，一种是“正好分完”，另一种是“分后还有剩余”，这两种情况是在实践中自然产生的。《表内除法》主要是研究“正好分完”的情况，而《有余数的除法》主要是研究“分后还有剩余”的情况。《有余数的除法》这部分学习内容是《表内除法》知识的延伸和扩展，两部分内容相互联系，具有互补性。平均分正好分完的情况学生容易理解，但是有余数的除法无论是商还是余数，学生理解起来并不容易。学生不但要明白平均分要尽可能分完，还要知道分后剩余部分必须小于除数，否则还可以继续再分，这些都是教学中需要注意的问题。

因此，在本课教学中，设计了丰富的动手操作活动，让学生理解“从总数分走了一些，剩下的部分不能再继续分，只能剩余”的道理，从而理解余数的产生和意义，有效地突破了教学重难点。尤其，本节课还凸显了核心素养中“乐学善学”的培养，呈现了以下几方面的特点：

1. 注重环节设计，体现“乐学、善学”

（1）创设情境，提出有思考性的问题。

“猜气球颜色”“为什么老师每次都能猜中气球的颜色呢?”这一有趣的问题情境，抓住了学生的认知起点，促进学生开启探究前的思考，有效地激发了学生的学习兴趣和探究欲望，让学生带着对数学新知识的渴望与思考展开学习。

（2）借助活动，经历知识产生的全过程。

在“分糖果”的操作和探究活动中，给学生充分的尝试探索的时间和空间，引导学生亲身经历有余数除法的产生过程，充分体会平均分后还有剩余的数学现象，理解有余数除法的实际含义，培养学生养成自主探究、独立思考的习惯。

（3）联系现象，找寻生活中数学的影子。

在课堂应用的环节，结合“找一找，生活中还有哪些事情，应用的是有余数除法的知识”这一活动，引导学生举例、回顾、发现有余数除法的知识与生活的密切联系，在我们的生活中还有很多的应用。并设计有目标、有层次、有深度的练习活动，进一步加深学生对有余数除法实际意义的深入理解，培养学生恰当选择合适的方法，灵活分析问题，正确解决问题的能力。

（4）挖掘文化，体会学习数学的价值。

通过介绍“余数产生的历史”“最早记录在哪本书上”，向学生进行数学文化和历史的渗透，激发学生对数学知识产生、探索的兴趣，感悟数学与生活的密切联系，培养学生用数学眼光看世界的习惯，增强学生“乐学善学”的意识。

2. 关注学生体验，实现“能力的培养”

《数学课程标准》指出：“学习任何知识的最佳途径都是由自己去发现。因为这种发现，理解最深，也最容易掌握其中的规律、性质和联系。

而这种发现又是通过学生动手操作，动眼观察，动脑思考获取的。”

（1）培养浓厚的学习兴趣。

数学教学重在培养学生的兴趣。有了兴趣，学生才乐意走进课堂，去品味学数学的快乐。本节课，教师通过多种途径培养和激发学生的学习兴趣，由“要我学”转化为“我要学”“我爱学”。比如通过“自主探索，激发兴趣；动手操作，提高兴趣；巧设练习，增添兴趣；课堂延伸，保持兴趣”从教材内容和学生实际出发，运用合理的方法和手段，激发了学生的学习兴趣，促进了学生的主动学习，提高了课堂教学的效率。

（2）提供充分的操作机会。

本节课是表内除法的延伸，是学生学习有余数除法的基础，通过引导学生经历“分糖果”的活动，先形成有“剩余”的表象，在此基础上再逐步建立余数、有余数的除法的概念。教学中教师引导学生借助实物开展“分一分、摆一摆、圈一圈、比一比”的活动，给学生提供了充分动手实践的机会，引导学生在操作中感悟、在观察中归纳，因此学生能够借助已有知识、技能，调动多种感官参与新知的主动探究与建构，直观感受余数的产生与意义。

（3）采用恰当的学习方法。

在探究新知的过程中，教师引导学生采用“探究、讨论、发现”的学习方法，创设合作讨论的氛围，设置观察比较的环节，注重学生主体作用的发挥。注重让学生充分经历数学知识的建构过程，通过观察操作、探究讨论、发现比较等方法进行自主学习。学生发现了平均分后也可能有剩余这一数学现象，实现了对“有余数除法”的自我发现与建构新知的过程，同时，培养了学生观察、分析、比较、联想等思维能力。

（4）引导独特的数学视角。

数学学习是学生经历从具体到抽象的过程，我们要引导学生学会用数学的眼光看待问题。本节课，教师能够运用学生的已有经验，促进了数学内容的生活化。课前，教师创设情境，通过气球谜语引入，接着出示以“红、黄、蓝”三色为一组的气球图片，让学生体验说号码，教师来猜颜色的活动，引导学生思考其中蕴含的奥秘。教师恰当抓住学生的疑问，激发学生的求知欲望，引导学生快速进入学习的愤悱状态。课中，教师再次通过这一情境引导学生运用本节课学习的知识解释课前“教师为什么能猜中”的道理，让学生运用所学的知识判断气球的颜色，这个参与过程加深了学生对有余数除法的认识，取得了良好的教学效果。课后，教师引导学生找到“有余数除法”知识与现实生活的联系，学生在学习过程中获取知识，提升素养，更增强了从数学视角观察世界的意识，很好地实现了数学核心素养在“乐学善学”方面的培养目标。

点评专家：吉林市第一实验小学　孙智信

要点八　勤于反思

要点解读

基础教育课程改革的核心，是要通过教师教学理念的改变带来学生学习方式的转变，从而培养出具有扎实文化基础、能够自主发展，并广泛进行社会参与的全面发展的人。“学会学习”作为“自主发展”中的一种基本素养，已经成为每位教育工作者研究的课题，其中，“勤于反思”是“学会学习”这一基本素养的要点之一。《中国学生发展核心素养》对“勤于反思”的内涵解读是：具有对自己的学习状态进行审视的意识和习惯，善于总结经验；能够根据不同情境和自身实际，选择或调整学习策略和方法等。

从“勤于反思”这个概念本身来看，“反思”一词，是近代西方哲学中广泛使用的概念之一，指回头、反过来思考的意思，又译为反省、反映。作为哲学概念是借用光反射的间接性意义，指不同于直接认识的间接认识。结合学生的学科学习，对于勤于反思这一核心素养的培养，一方面应表现为学生学习的习惯养成；另一方面则是一种学习的能力和思维品质的体现，而这些都需要在课堂教学的实施过程中得以落实。

“勤于反思”属于一种反思性学习。反思的内容可以是对知识技能的自我审视，用以内化自己的知识结构；可以是对解决问题的自我审视，在解决问题的过程中实现自我提升；还可以是对学习方法和学习习惯的自我审视，明晰自己的学习状态，查找问题所在，明确努力方向；也可以是对情感、态度、价值观的自我审视，反思自己是否乐于积极主动的学习，是否与同伴进行有效的交流合作，是否具有学习的兴趣，等等。学生学会了自我审视，就能够把自己放在旁观者的角度，打量自己，校正自己，审视自身的学习状态，从而调整学习行为，提高自身能力。

那么，怎样培养学生“勤于反思”的习惯与能力呢？

1. 从自主学习角度来看，“勤于反思”包括在学习前、学习中和学习后的反思

学习前的反思主要是通过自主预习、填写预习报告单，或者访谈、对话等方式，唤醒学生已有的知识、生活经验，进而通过沟通新旧知识之间的联系，提高学生的学习能力与水平。这种学习前的反思不是简单地回顾以往的知识和生活经验，而是在知识内化基础上的再认识，有主动沟通、联系和自主建构的意味。

学习中的反思更是体现内化建构的过程。现代的有效课堂，已经不再局限于教材本身，而是扩展到可以帮助学生实现思考、探究、发现以及知识建模的一切有效教学资源。课堂上孩子们带着问题出发，在解决问题过程中培养学生反思的意识和方法。通过学生独立思考、合作分享，加深对知识模型的理解，再通过不断的反思，促进模型的不断完善，使学生理性的思维得到发展，获得成功的学习体验，促进学生素养的提升。

学习后的反思，不单纯指教师设计的质疑反思的环节。让学生形成主动反思、总结的意识与能力，更重要的是要在整个模块学习后对一个领域内容的整体反思整理。例如在数学学科中将数学学习中的一些有内在联系的内容串线、结网，可以将内容建立图示、绘制思维导图等形式，通过学生个性化的整理，建立问题模型，将知识的逻辑结构与学生的认知结构统一起来。在其他学科学习中，这种学习后的反思也经常应用，尤其是思维导图形式的反思使知识结构化、系统化。学生总结梳理知识的过程，也是自我进行反思内化的过程，更是学生发展提升的过程。学习后的反思，也可以是通过课上的学习再回归到生活当中，主动参与社会实践，或者针对热点问题进行小课题研究，等等。学生通过对整个学习过程的审视、反思活动，迁移知识，改进学习方法，调整学习的状态及学习策略，锻炼学生的学习品质和能力，最终学会学习。

2. 从能力与思维品质培养的角度，“勤于反思”表现为学生个人反思、集体合作反思以及教师的课堂教学反思

学生个人反思能力的培养，首先体现在对自我成长和自我完善上。在学习的过程与体验中，离不开亲身经历的体验，所以需要自我对学习内容的消化理解，自我对学习方式策略的选择调整，在这种自觉反思的过程中，逐步形成反思的能力与学习品质。除此之外，还需要教师给学生适当地留白，留出足够的时间与空间，让学生对自己学习、思考的过程与结果进行反思和检验，从而发现、认识错误与不足，逐步寻求最佳的解决问题的途径。

集体合作的反思是集大家的智慧，取长补短，在交流、争辩中进一步使个人的思考得以完善，个人的学科素养得以提升。相比之下，教师的反思更是促进学生反思能力形成的关键。教师的问题意识和思维方式直接影响着学生能力水平的高低，这是教师独具的智慧，有反思能力的教师才能通过不断完善自己的教学，从而促进学生综合能力与素养的提升。

3. “勤于反思”还体现在一个“勤”字上，也就是要坚持经常通过积极动脑思考，使反思成为一种习惯，反思能力得到强化，养成经常性的反思行为，从而形成良好的思维品质

荷兰教育家弗莱·登塔尔教授说：“反思是思维活动的核心和动力。”就小学生的学习而言，反思是学生对自己的学习活动过程的再思考与再审视。它既是一种思维形式，更是一种学习习惯和学习能力。培养学生勤于反思的能力，不仅需要教师的积极引导，还需要学生自己在教师的组织引导下，实现主动的反思与学习。通过反思，促使学生学会多角度观察事物，寻求不同的思路，善于发现、提出问题，而不只满足局限于常规的分析问题、解决问题，这种意识与习惯的形成，将更有利于促进学生创新思维能力与学科素养的提高。

名师课例

六年级数学《统计复习课》

执教者：吉林市第二实验小学　钱　巍

（一）复习引入

知识回顾整理，明确学习重点。

师：亲爱的同学们，昨天老师给同学们布置了一个任务，梳理小学一年级到六年级所学过的统计与概率中有关统计部分的内容，你们周老师传给我部分同学的作品，我们一起来欣赏一下，这是哪种形式的？

生：思维导图式。

师：评价一下。

生：漂亮，细致。

生：表格式。

生：清晰。

生：下面还举了一个例子。

生：树状图，更全面。

师：他整理的与其他同学整理的在内容上有什么不同？

生：前面那些同学都只写出了统计表和统计图，而这幅图中有统计的全过程。

师：是啊，一个完整的统计活动需要先收集数据，接下来整理数据。

师：最后——

生：分析数据。

师：实际上无论哪种形式的整理都能帮助我们将教材中零散的知识在脑中结构化，使知识更系统了，这也是我们进行复习的一个好方法。

师：我们简单地回想一下，在收集数据的时候我们都用过哪些方法？

生：用起立、数数的方法。

生：可以采用从 1 开始报数的方法。

生：可以采用画“对号”的方式。

生：可以通过画“正字”的方式。

生：还有测量、实验、调查、查阅资料等。

师：这么多种方法中没有最好，只看哪种更适合。

师：收集完数据要用不同的样式进行整理，有哪些形式呢？

生：统计表和统计图。

师：统计表又分为什么？

生：单式、复式统计表。

师：现在屏幕上呈现的就是一幅——

生：复式统计表。

师：统计图可以分为什么呢？

生：条形统计图、折线统计图和扇形统计图。

师：条形统计图又可以分为——

生：单式和复式。

生：横向和纵向。

师：我们已经整理成统计表了，为什么还要用这么多方法进行描述呢？它们各自有什么优势呢？试着来判断一下，下面这些情况用哪种方式统计更合适。

（教师出示不同情况，学生做出判断）

师：描述六（四）班同学身高分组的分布情况，用哪一种统计图比较合适？

生：我觉得用条形统计图比较合适。

师：为什么呢？

生：因为条形统计图更能清楚直观地看出各种数量的多少。

师：描述从一年级到六年级的平均身高变化，用哪一种统计图比较合适？

生：我觉得用折线统计图比较合适。

师：为什么？

生：因为折线统计图能看出数量增减变化的情况。

师：描述身高组别人数占全班人数的百分比情况，用哪一种统计图比较合适？

生：我觉得用扇形统计图比较合适。

师：为什么？

生：因为扇形统计图能看出部分量与总量的关系。

师：描述班级从一年级到六年级近视人数的变化情况，用哪一种统计图比较合适？

生：我觉得用折线统计图比较合适。

师：描述不同年龄段人口占总人口的百分比情况，用哪一种统计图比较合适？

生：我觉得用扇形统计图比较合适。

师：在绘制统计图尤其是绘制复式统计图的时候，我们应该注意什么呢？

（师出示复式折线统计图）

生：要有标题、图例。

生：有的统计图一格表示1，还有的一格表示多。

生：还要注意有折线的部分，它表示省略了一些数据。

师：我们已经学会收集、整理甚至描述数据了，这节课啊，我们就要读图——（贴板书）慧眼识图。

生：慧眼识图（齐读课题）。

师：我们不仅要读懂识别数据表面的信息，还要运用智慧的双眼和大脑分析数据背后蕴含的信息，从而做出推断和预测。有点难度啊，有信心接受挑战吗？

生：有。

（二）合作探究

创设问题情境，展开探究学习。

1. 整体感知

师：这是老师的一个朋友今年六一期间去武夷山旅游时在景区内看到的电子显示屏，乍一看，什么感觉？

生：好多我们学过的统计图和统计表。

生：这么多信息有点乱。

师：面对这么多的信息，你觉得我们可以怎么办？

生：有选择地看。

生：一个图一个图地看。

师：那我们就采用这个同学的建议，一个图一个图地来分析。

2. 逐图分析

（1）读分景点客流量人数复式条形统计图。

师：从这个统计图中你能读出哪些信息？

生：这是一个复式条形统计图，我看到了天游峰的进园人数最多，玉女峰的进园人数最少。

生：我建议如果现在去游玩尽量不去天游峰，人太多了，可以先去玉女峰。

生：我建议也可以去大红袍，现在人数也不多。

师：会利用图例读懂图中的信息，真棒！

（2）读今日景区客流走势折线统计图。

师：这幅图你又读出了哪些信息？

生：这是一个折线统计图，能看出人数在逐渐增多。

生：6：30 进园人数几乎没有，从 8 点开始人数逐渐增多。

生：我估计拍照的时间大概就是 11：00，要不然后面的怎么没显示呢？

师：你不仅善于观察，更善于思考。

师：这是一个实时显示的电子屏，只显示当天截止至拍照时的进园信息。

师：你还能做出推断，真了不起，那你建议几点进园比较好？

生：我建议8点前，越早越好。

生：开园了就去。

师：不仅读出图表面的信息，还通过自己的思考分析，提出了建议，这个建议还有理有据。

(3) 读未来三天预订情况扇形统计图。

师：那这幅图呢？

生：这是一个扇形统计图，我知道了目前第一天预订人数比较多。建议第二天去游玩，人少。

师：第二天人一定少吗？

生：我觉得从图上看，第二天人少。

师：获取信息的能力真强！

生：我不同意，这只是预订情况，可能还会有当天买票的，并且这只是当天那个人照相当时的照片，这个电子屏中的信息还会实时发生变化。

师：思考得真全面。

师：数据实时更新，有什么好处？

生：更方便游人。

3. 综合分析

师：单独读懂了这三幅图，其他图还用不用老师领着再单独分析？

生：不用。

生：我们都能看懂。

师：现在请大家结合这幅图，根据当前图中呈现的信息，结合景区地图帮我设计一下如果明年的暑期我也想去武夷山游玩，我从哪个门进，按怎样的顺序游玩呢？你能结合数据为我设计线路图提点建议吗？小组同学一起研究研究。

生：小组合作学习、思考、设计。

生：我们组认为可以从景区南口进入，先游一线天，再游玉女峰，然后游天游峰，最后到大红袍，然后从景区北口出园。

生：我们组认为这样一天游览这么多景点太累了，可以分两天游览。

第一天从景区南口进入，先游览一线天，然后看天气到竹筏码头漂流，到终点时入住度假区酒店。第二天再继续游览大红袍、天游峰和玉女峰，然后再从景区南口出园。

生：出园时还应该考虑车的位置，如果是自驾就得从哪门进从哪门出，如果是乘车我们组觉得还是从景区北口出比较好，那里离市区近。

生：……

师：你们真会利用数据分析问题，还能观察到数据之间的联系，并且整理分析，勤于思考，解决生活中的问题，设计的路线还充满了人文的关怀，了不起！

师：看来数据影响着我们的生活，也的确能给我们生活提供很多有价值的信息，帮助我们做出决策。但在众多的统计信息中，我们要有选择、有目的地观察、比较，沟通联系，才能解决实际问题，帮助我们分析、判断或者进行预测。遇到问题想数据，分析问题用数据，可是，所有的数据都能带给我们准确的科学的信息吗？

（三）拓展延伸

联系生活拓展，强化数据应用意识

师：老师曾经看过名为《致命的药物》的一本书，详细披露了20世纪美国的一次重大药害事件，这是这本书的主要内容，谁能来读一读？

生读内容

师：读后有什么感受？

生：太惨痛了。

生：可怕。

生：气愤。

师：这种药本来已经经过多次实验，并通过了权威机构的认证，同意上市，可为什么最后的临床应用中却发生了这么惨痛的事故呢？这个药物实验中蕴含的逻辑推理看似无懈可击，到底什么地方出错了呢？

生：我觉得是每个人的体质不一样，有的人用这种药就有效果，有的人就没有效果。

生：我觉得是在实验时不认真，出现错误。

生：我觉得是药三分毒，吃多了就有害。

师：简单说就是在统计过程中，样本采集时并不完全客观，带有片面性。数据本身没有错误，难就难在我们如何拨开数据看到或思考、分析出数据背后的问题与真相。

（四）反思总结

总结回顾，布置作业。

师：同学们，我们现在已经处在信息化、大数据时代，我们每个人也已经成了数据的“消费者”，面对大量纷繁复杂的信息，我们要用智慧的双眼去观察，用数据来表达，同时要有拨开云雾看到数据背后的真相的能力，不断提升我们的统计素养！长大后，作为现代公民，我们还应该成为数据的“生产者”，思考如何通过数据让未来生活更美好！

师：课后老师想请你调查一下全班同学的星座、视力、喜欢的诗人或作家，等等，从中选择一个你感兴趣的内容，收集、整理数据，并结合数据进行分析，完成一个小课题的研究。

课例点评

本节课是小学六年级“统计与概率”这一领域内容中，关于统计知识的综合整理与复习，意味着小学阶段这一领域内容学习的结束。复习课有别于新授课和练习课，却又是对这两者的回顾整理、巩固应用与提升。它是学生对所学知识的系统化梳理与总结，以形成对一个领域知识内容的完整认知，从而提高学生的数学能力与素养。

在本课教学中，教师凸显了核心素养中勤于反思的培养，主要呈现以下几方面特点：

1. 重视统计知识的梳理与再认识，沟通、反思知识间的内在联系

《统计》这部分内容的学习，如果只是通过简单的重复制表、画图来完成学习，还无法形成对知识的深刻体验与理解，更不能在生活中合理应用解决问题。因此，课前教师先是让学生对所学统计内容进行独立反思与整理，学生借助之前对于“数与代数”“图形与几何”领域整理与复习学

习的经验，能够主动、熟练地对统计知识进行梳理和反思。这里集中体现了“勤于反思”这一要点当中，学生“学习后的反思”。通过学生整理后的反馈可以看出，学生已经明确从收集数据到最后分析应用数据的整个过程，全面掌握了统计的方法，理解每种统计图的特点优势，能结合具体情境灵活选择合适的统计方法。教师在课上针对学生反思整理的内容进行集体性的展示与评价，使统计知识在反思中得到深化。

2. 重视学生实现“乐学、善学”，引导学生在生活中反思与应用

当今社会处在信息社会和市场经济时代，人们无时无刻不与各种数据和现象打交道，统计在实际生活中彰显其非常广泛的应用价值。只要学生能够仔细观察生活，就会发现生活中大量的统计素材，并使之成为课堂有效的教学资源。本节课，教师在设计与应用上体现了三个“活”字。一是教法灵活；二是教材用活；三是学生学得活。教师选择了与学生生活联系密切，学生最感兴趣却又不易读懂的景区电子屏情境，通过创造性地使用教材，寻找最适合学生学习的情境，从贴近学生生活的实例入手，使孩子们深刻体会到数学就在身边，数学来源于生活，服务于生活。同时，通过各种现实的生活场景再现，使抽象的统计图表生活化、趣味化。学生们“想学、乐学”，在此基础上教师的引导也更能促使学生“会学、学会”。

3. 重视从数据中发现核心问题，结合生活经验帮助学生学会反思、学习

从数据中提取信息，是统计的第一要务。能从大量的信息中全面观察、综合分析更是发展统计能力形成的关键。“电子屏”情境的运用，以不同形式的生活化统计表或统计图呈现出丰富的数据信息。较大的信息容量对于六年级的孩子来说充满挑战，如何引导学生实现有目的地观察与选择是这节课教学的重点。因此，教师在课上首先让孩子们自己读图谈感受，帮助学生体验面对数据“乱而多”时，如何积极想办法，通过运用不同的策略解决问题。在教学最后设计开放性的数学问题，学生要想解决这个问题，不仅要整体观察景区路线图，对上面景点位置、出口位置、交通

路线、标识等进行分析，还要结合电子显示屏中的“客流量统计、未来两天订票数量”等内容综合应用来设计旅游路线，这需要学生在纷繁复杂的信息中进行甄别、选择。学生选择信息的过程并不是简单的拼凑，而是要反思借助他们平时旅游的经验，通过合理规划、设计，结合生活经验考虑如何设计旅游规划的合理性，使学习充满人文关怀；也有学生考虑到居住的位置和交通是否便利等因素，使数学充分融入生活。这种反思性学习，结合学生已有的生活经验，对解决问题的思维过程进行全面考察、分析和思考，既深化了对问题的理解，优化了思维的过程，更解决了生活中的常见问题。通过这种反思性学习的过程，学生们才能真正学会学习、学会应用。

4. 重视学生在反思中延展，促进学生思维的发展

长期以来，小学课堂教学偏重于对教学方法、教学模式的研究，在使学生大量获取知识的同时，往往忽视了对学生反思意识和能力的培养。特别是到了复习阶段，重结果、轻过程的刷题现象还普遍存在。很多教师认为不做题、不画图、不落笔就没有复习，就不会在考试中取得好成绩。而在这节课上，作为整个小学阶段统计知识的一次整理与提升，教师并没有大量地制表、画图，而是将重点定位在对学生识图能力的培养上。让学生充分经历自主性学习过程，通过在读图中反思，在反思中感悟，在感悟中强化能力，最终选择合适的策略使问题得以有效解决，慢慢形成反思的意识、能力与习惯。

点评专家：吉林市第一实验小学　孙智信

要点九　信息意识

要点解读

《中国学生发展核心素养》中指出，“信息意识”的主要内涵是：能自觉、有效地获取、评估、鉴别、使用信息；具有数字化生存能力，主动适应“互联网+”等社会信息化发展趋势；具有网络伦理道德与信息安全意识等。

当今时代，全球信息化趋势已经浮出水面，这一趋势引领和驱动着社会的发展、时代的进步。发展学生的信息意识已经成为世界主要国家（地区或组织）核心素养框架中的共识：世界经济合作与发展组织（OECD）发布的《素养的界定与遴选》中提到的“互动地使用知识与信息的能力”，欧盟正式发布的《核心素养：欧洲参考框架》中提到的“数字化素养”，美国核心素养框架中提到的“信息、技术与媒体的技能”，以及芬兰国家教育委员会认为未来人才需要具备七大方面核心素养与能力之一的“综合素养、信息技术与沟通能力”等，都是从不同方面对这一要素的阐述。由此可见，无论是从全球化发展趋势对人才的要求，还是中国学生未来所应具备的“关键能力”，其中的重要一项都指向“信息意识”。

从信息素养的角度来说，未来学生必须掌握信息的检索与整合技能，自觉地在日常生活和工作中采集信息，并能够批判性地分析所获取的各类信息，同时学生也要建立网络安全和网络责任意识，能够合理地发布和使用信息。

从信息技术掌握的角度来看，学生要能够将信息技术充分融合到沟通、交流、组织、研究等未来工作和生活的各项活动之中。学生应掌握基本的电脑技术，学会下载、检索、分类、整合、评价、创建等基本技能，要学会选择合适的媒介，理性地利用信息技术促进问题的有效解决，激发各种可能的创新与创造性活动。

那么，如何培养小学生信息意识这一素养呢？

1. 利用学科教学发展学生的信息意识

学生信息意识的形成与发展不是孤立于某一学科、某一领域的，不能简单地理解为运用手机、平板或电脑进行网上学习与操作。

在小学阶段，要善于将学生信息意识的形成与发展融入各个学科的教学当中，引导学生关注有效信息，形成对于信息的敏感度和使用信息的自觉性，初步掌握利用信息解决学习问题的能力；让学生懂得收集信息的有效路径，通过书报刊的阅读、查阅工具书、网上搜索和向大人请教等方式都可以得到所需要的信息；同时让学生初步掌握信息筛选和处理的一般方法，如检索、阅读、分类和比较等。在条件允许的情况下，主张把移动学习终端合理适度地融入教学当中，打开课堂外围边界，扩大教学视野，增加信息容量。客观地看，只有把对信息意识的培养融入学生具体的学科学习活动中去，融入学生实际生活中解决问题的需要中去，才更能凸显出信息意识的价值。

2. 充分发挥信息技术学科在学生信息意识培养中的基础作用

信息技术学科是学生信息意识形成与发展的基础，承载着技术学习的任务，具有天然的学科优势。当下，由于信息技术在生活中的普及性应用，学生在进入该学科的学习前，已经在一定程度上掌握了网络搜索、网页浏览等能力，这既是学生学好该学科的“学力”基础，也对教师把握学生学习信息技术的起点、教好这门课程提出了更高的要求。面对起点不一的学生，教师应立足于规范基本的技术使用方法，介绍常用的工具软件及应用技巧等。

3. 依托实践性活动推动学生信息意识的应用能力发展

就目前的情况来看，基于学科教学开展的学生信息意识的培养还处于网上搜索、资料汇报等静态化的水平上，还难以从根本上调动学生主动参与，积极使用信息。因此，采用综合性学习、项目式学习（STEAM 课程）等，是形成和发展学生信息意识的有效载体，能够引导学生感受信息价值，诱发学生使用信息的自觉性和内驱力。

例如：长春版小学语文六年级上册综合学习活动中，编排了《热点关注》一课，就是要引导学生关注社会生活、校园生活中的热点话题。教学时，教师应聚焦信息处理展开教学设计。课前，可以组织学生利用平板电脑、手机等进行网络阅读，并搜集自己感兴趣的新闻热点，拍摄生活中发现的热点现象。课堂上，引导学生对搜集的信息进行筛选、分类，在新闻交流和发表见解中，让学生明确可以在观察中发现生活里的热点信息，学会在阅读新闻中获取有价值的信息，初步会写简单的研究报告，结合数学学习制作直观的信息分类统计图等。这种综合性的学习，提升了学生对信息理解的深度，能够从更为广阔的背景下感受信息的价值。

4. 有效融合学校、家庭和社会的三方合力，提升信息素养

信息素养是一种综合能力，是基于信息技术支持，强调对技术的理解、认识和使用的技能。重点是内容、传播、分析，包括信息检索以及评价，涉及更为宽阔的视野。

在自媒体发达的今天，信息的采集、发布和传播等已不再局限于电视、报纸等传统媒体当中，博客、微博、QQ、微信和各种短视频软件都成为信息发布的平台。参与信息发布的人员已不局限在成年群体，青少年也参与其中，其受众人群则更为庞大和丰富。因此，在中小学阶段，强调信息素养、关注信息安全就显得尤为重要。特别是要关注到学校、家庭和社会的三方合力，打通沟通渠道，及时交流反馈，形成三方共同管理、共同监督的机制。

名师课例

五年级语文《风》

执教者：吉林市教育学院　唐德喜

（一）复习导入

师：这节课我们继续来学习挚爱亲情单元中的《风》这一课，现在我们来回顾一下上节课已经学过的生字词，谁给大家读一读？

PPT 出示词语：

情绪	虚构	一辈子	纷纷扬扬
尖锐	强劲（jìng）	愣愣地	迷迷茫茫

（学生依次读词，就重点读音进行强调）

师：在生活中，我们常常把“劲”读成什么？

生：jìn。

师：用这个读音可以组成哪些词语？

生：有劲、使劲……

（二）回顾课文主要内容

师：结合“读一读，写一写”当中积累的词语和上节课的学习，谁能说一说这篇课文主要讲了一件什么事儿？

生：我觉得课文主要讲了一件关于热水壶的事情。

师：他的发言中缺少了人物和事件，谁来补充一下？

生：我认为这篇课文主要是讲父亲和儿子通过热水壶来互相依靠、渡过困难的故事。

（三）整体感知，评价人物情感

教师：结合对课文内容的回顾，同学们自由读课文，边读边思考：这是一对（　　）的父子。（学生自由读课文）

师：相信你们一定在读课文当中找到答案了。谁来说一说？

生：这是一对共同战胜困难的父子。（教师板书：共同战胜困难）

生：这是一对相依为命的父子。（教师板书：相依为命）

师：还有没有其他答案？

生：这是一对互帮互助的父子。

生：这是一对心有灵犀的父子。

师：从哪里看出来的？

生：我从第 13 自然段知道的。“父亲知道这梦是儿子虚构的，他也虚构过这样的梦”。

师：你是从哪个字找到答案的？

生：我是从“也”字找到答案的，这个“也”字说明父亲和儿子是有共同点的。

师：很好！同学们看黑板，正如大家交流中所说的，这是一对“共同战胜困难”“相依为命”的父子。告诉你们，文章为了把父子之间的这种情感写好，进行了细致的人物刻画和环境描写，这些描写反反复复地出现。现在采用浏览的方法读课文。浏览就是粗略地看，大略地看，可以一目十行。一边读一边找一找哪个方面的描写总是反复出现呢？

（学生浏览课文，教师巡视指导）

（四）浏览课文，筛选关键信息

师：我们来汇报一下，你发现哪些描写总是反复出现？

生：我发现“热水壶”在文章当中反复描写。（板书：热水壶）

生：我发现“热烘烘”这个词也总是反复出现。（板书：热烘烘）

师：这个词出现了几次？

生：出现了三次。

生：我发现作者对“儿子的笑”也进行了反复描述。（板书：儿子的笑）

师：作者在文中不但写了儿子的笑，同时也写了谁的笑啊？

学生集体回答：父亲的笑。（板书：父亲的笑）

生：文章当中对“风”也进行了反复的描写。（板书：风）

师：“风”是文章的题目。同学们真棒，很快就找到了这些内容，我

们现在要用不同的符号来进行标注，看看这些描写都出现在文章的哪些语句当中。（教师提示标记的方法）

师：接下来我们采用默读的方法。不动唇、不指读，一边读一边画。

（学生默读课文，并进行圈画）

师：我们来汇报一下。

（1）“热烘烘”的描写语句：

儿子还小，壶就总是在儿子的被窝里。儿子的被窝总是热烘烘的，父亲的心里总是热烘烘的，他们面前的日子也总是热烘烘的。

（2）“风”的描写语句：

风很大，草就很低地伏着，身子却透出一股强劲来。

壶就一直慢慢悠悠地伴着父子走过一个又一个北风呼啸雪花飘飞的冬天。

在一个刮着风又纷纷扬扬下着大雪的日子里，已经显得苍老的父亲睡觉的时候，在自己的被窝里发现了热水壶。

父亲打开门，外面起了风。风很尖锐地呼叫着，把漫天的雪搅得迷迷茫茫。

后来，儿子听见父亲说，我不怕，再大我也不怕！儿子知道父亲是说给门外的那些风的。

（3）“儿子的笑”描写语句：

那人就问儿子。儿子笑一笑，然后摇摇头。

父亲对儿子说，你把热水壶放错了。儿子笑一笑，说，没有错。

（4）“父亲的笑”描写语句：

父亲笑着对那人说，你问我儿子吧。

看着儿子摇头，父亲的脸上就露出笑。

儿子看见父亲笑了，儿子看见雪光将父亲的笑染得分外灿烂。

师：作者围绕这对父子的情感，抓住了热水壶和“风”，以及父子二人的表情来进行描写。接下来我们就研究一下这些描写对于体现父子的情感有什么帮助和好处。老师把你们刚才找到的每一方面的描写语句都集中在一起，放在不同的学习单中，你们可以任选一个进行小组讨论学习，看

看能从中发现什么？（学生在组长的带领下进行讨论交流）

（五）合作学习，整理分析信息

师：好，讨论就到此结束。我们就从“热烘烘”这个词开始汇报吧！谁愿意把这几句给大家读一读。（指名读句子）

师：谁来谈谈你们小组的发现？

生：我们发现这一组句子里面，三次提到了热烘烘。

生：我来给他补充，我们发现这是一组排比句。

生：我们发现这三个“热烘烘”的含义不同。

师：具体说来听听！

生：第一个表示儿子的被窝里热烘烘，这是温度；第二个是父亲的心里热烘烘的，这是父亲的心理感受；第三个是他们的日子总是热烘烘的，说明日子充满了希望。

师：好，我们一起来读一读。（师生共读）

师：你们看，同一个词语在不同的语言环境当中意思各不相同，而且它们的意思还层层递进，有力地表现了文章主题。我们接着谈，你们打算汇报哪一个？

生：我们打算汇报关于风的描写。

（指名读描写“风”的语句）

师：同样是写风，你发现这些描写的共同点是什么？

生：我发现这些都属于环境描写。

师：好像关于风的描写，其中的含义也都在发生着变化。

生：这几处风的描写含义是不一样的。第一处是把风比喻成了困境，把草比喻成了父子，生动形象地写出了他们的生活很困难，“身子却透出一股子强劲来”，体现出了他们对美好生活的向往。

师：听了他的发言，你们发现了吗？“风”在文章当中已经不是单纯的环境描写。顺着他的思路，继续谈。

生：第二处语句当中风的描写，也写出了这对父子所面临的困境。

师：的确如此，风已经不再是单纯的环境描写，而是具有了象征意义。谁来接着回答？

生：第五句话当中，我读懂了父亲是要战胜风所带来的困难。

师：这些困难可能是什么？

生：可能是家庭贫穷。

生：可能是家里没钱。

师：同样是写风，每一处的含义各不相同。这种写法值得我们在写作当中借鉴。好，我们现在来看看最后两处当中，“父亲的笑”和“儿子的笑”的描写。（指名读文）

师：同样是“笑”的描写，有没有不一样的含义？

生：我认为第一处笑是父亲有信心，自信地笑。

师：说说原因。

生：我认为父亲相信儿子肯定不会同意把热水壶卖出去。

生：在第二组句子当中，我读懂了在父亲的心中，热水壶肯定是不会被卖出去的。但是他又想考验一下儿子，所以他让买壶的人去问儿子。他看到儿子和他一样，把这个热水壶看得很重要，父亲高兴地笑了。

师：是呀！父亲的笑是感到非常欣慰。最后我们来看看儿子的笑，这两处笑的描写含义一样吗？

生：第一处笑说明儿子的想法和父亲一样。

生：我跟他的想法不同。儿子笑一笑，然后摇摇头。这说明儿子知道父亲想考验他，所以才会笑。

生：老师，我和他的想法也不同。第一处儿子的笑是有礼貌的笑。

师：你们的说法都有合理的解释。老师想着其中是否还有这样一层含义，钱对于这个家庭来说是非常重要的。但是他们能拒绝，没有卖，这说明什么？

学生集体：说明他们父子更看重这个热水壶。

师：他们看重的仅仅是这个热水壶吗，还有什么？

学生集体：他们之间的那份情谊。

师：就是他们之间那份浓浓的父子情。我们再看看第二处的“笑”又是什么？

生：我觉得这是儿子对父亲的孝顺。

生：我觉得这是儿子对父亲的关爱。

师小结：我们围绕着这对父子之间的情感出发，抓住了“热烘烘”的热水壶的描写，抓住了环境描写“风”，还有“父亲的笑”和“儿子的笑”的描写。通过这些环境与人物的描写，能够更加深入地表现文章的主题。如果让你写写这个梦的内容，结合已经了解到的课文内容，推测一下梦里可能会出现哪些描写？

（六）运用信息，推测“梦”中的内容

出示文中的相关文字：

儿子说，夜里我做了一个梦，在梦里我见到了爷爷，爷爷给我讲了一个故事，关于这个热水壶的故事。

父亲久久地望着儿子。

父亲知道，这梦是儿子虚构的。他也虚构过这样的梦。他知道，那些曾经在自己身上流过的血已经真正流进了儿子的血管。

师：可能会出现哪些描写？

生：可能会出现热火壶。

师：说说原因。

生：因为这个故事就是围绕热水壶来写的。

师：说得好，壶是叙事线索，一定会出现。还可能有哪些描写？

生：还可能出现风的描写。

师：为什么？

生：因为环境描写，而且还象征着特殊的含义。

师：看来你的推测是有依据的。

生：我觉得“热烘烘”这个词也会出现在“梦”的描写中，因为这个热水壶陪了这对父子一年又一年。

生：我来补充，我认为梦中也可能会出现风的描写，因为风象征着这对父子面对的考验。

生：我认为还会出现父亲的描写。

师：是啊，这个父亲当年还是个孩子。那么文章中就会出现父亲和爷爷，出现他们笑对困难的描写。

师：看来我们掌握了推测的线索和依据，就能掌握这个故事背后的内容，希望同学们能够学习这种在反复中层层递进的描写方法，并且使用推测的方法，加深对文章内容的理解。

课例点评

《风》是长春版小学语文教材五年级上册第八单元“挚爱亲情”中的一篇课文。这篇小说浅白如话，以“热水壶”为线索，叙述了父子之间相互关心、相依为命的故事。当儿子幼小时，父亲把壶放在儿子的被窝里，儿子感到热烘烘；当儿子长大懂事，而父亲日渐苍老时，儿子把壶放在父亲的被窝里，父亲在儿子身上看到了希望，再大的困难也不怕，充满了奋斗的力量。

本文的教学价值在于通过对文章内容的整体把握，体会关键词语信息在表情达意上的作用和特殊含义，了解在掌握文章内容和依据的基础上使用推测的学习策略。重点体现了核心素养之信息意识的培养，呈现以下几方面的特点：

1. 基于学科品性，发展学生的信息意识

语文课程是一门学习语言文字运用的综合性、实践性的课程。其中重要的组成部分就是阅读教学。2011 版《义务教育语文课程标准》中关于阅读教学的实施建议中这样表述：“阅读是运用语言文字获取信息、认识世界、发展思维、获得审美体验的重要途径。”结合语文学科的基本特点，引导学生通过收集、筛选、分析、处理和运用信息，进而感知文章内容，体会文章表达的情感主旨和了解语言的表现形式，是有效发挥学科教学价值的应有之义。在本节课的教学当中，教师依据文本特点，设计了关注有效信息的多层次活动，即“浏览课文，筛选关键信息”“合作学习，整理分析信息”“运用信息，推测‘梦’中的内容”等环节。

（1）在“浏览课文，筛选关键信息”环节中，教师以“哪些描写的反复出现表现了这对父子‘相依为命’‘共同战胜困难’的情感呢”作为明确的问题导向，并辅以对“浏览”的阅读方法指导，引导学生从整体感知

走向局部聚焦。通过教师巡视过程中个别化的指导，让学生在有效的时间内抓住重点信息。正如《语文课程标准》所提到的“浏览的评价，重在考查学生能否从阅读材料中捕捉有用信息”。这里需要说明的是，学生收集信息是多样的：不仅可以是数字化的，也可以是语词化的。

（2）在“合作学习，整理分析信息”环节中，教师通过学习单的下发，采用小组合作学习的方式，引导学生在“读中评议，议中发现”，通过前后勾连，发现上下文句子中的内在联系和彼此呼应，感受文章在表达上的特点，形成和发展学生捕捉信息的意识和能力，也教给学生整合信息的策略。

（3）在“运用信息，推测‘梦’中的内容”环节中，学生在占有学习材料的基础上，通过“梦”里的描写内容，如“风”的描写、“爷爷和爸爸笑对困难”的描写等，明确了推测是要有依据的，是在掌握一定线索的基础上进行的学习活动。

借助推测梦境中的描写内容，打通了学生运用信息的管道，对已经掌握的信息进行重新估计和认识，让他们能够把已知信息在甄别的基础上，转化迁移到未知领域上去。这里也提一点建议，在条件允许的情况下，还可以布置学生动笔创作，写写梦中的故事情节，将学生对有效信息的运用，对推测学习策略的掌握落在实处。

2. 基于学习工具，提升处理信息的能力

在本节课的教学当中，教师借助可视化的学习工具提升了学生处理信息的能力。主要表现为：

（1）教师通过思维导图式的板书梳理了文章脉络。

以文章中的父子间的情感“这是一对相依为命的父子”为主题。依次将叙事线索“热水壶”、环境描写“风”、人物描写中提到的“父亲的笑”和“儿子的笑”作为一级分支；将各方面描写的深刻含义作为二级分支，如写风时，既写到了“真实的风”，也写到了风的象征含义——“考验”和“困难”等。通过思维导图，清晰地呈现了文章表达的主旨，让学生感受语言形式和情感表达上的相得益彰，也有助于学生从整体上把握有价值

的信息，提升了思维品质。

（2）在学生进行小组合作学习时，教师将各个方面描写内容的语句以学习单的形式进行了集中呈现。

这既是学习材料，也是任务驱动。学生可以有针对性地聚焦关键信息，在“读一读，议一议”中了解体会相关描写语句的重要作用和含义。学习单中还附录了学生学习的具体任务，主要包括：①联系上下文讨论一下，我们从这些语句中知道了什么？②结合文章内容和讨论结果，用自己的话说说这样写的好处是什么？这样的设计意图就在于引导学生学会梳理与表达，改变儿童思维的方向，让学生自觉地把讨论归纳中得到的信息与指向表达联系在一起，进行信息的重构。

3. 基于合作学习，扩大信息沟通的路径

在本节课整理分析信息这一环节中，教师采取了组织学生进行小组合作的学习方式。应该说，对于五年级的小学生来说，研究几种描写背后的含义及作用是有一定难度的，单独一个人要实现探究学习是困难的。通过诸多伙伴合作式的协同学习，可以集中信息，从不同的视点展开讨论分析。此外，学生们可以自主选择喜欢的学习材料，还可以在完成一部分的讨论后，继续选择其他内容进行讨论学习，既赋予了学生学习的主动权，也提升了学生参与学习的积极性。

在教师深入到各个小组参与学习的过程中，重点指导学生进行“读中评议，议中归纳”，集合小组成员共同的发现，进行分析、归纳和整理信息。从中我们也感觉到，小学生的信息意识还处于发展的初级阶段，在重要环节中采用小组合作学习是十分必要的。

总之，从整体上来看，本节课的教学设计简洁清晰，教学步骤环环相扣，教学重点明确。教师给予学生大量充分的时间与文本接触，引导学生在潜心会文中、在讨论交流中对有价值的信息进行识别、筛选、整理与运用的自觉性，捍卫了学生的学习主权，发展了学生的信息意识这一核心素养。

点评专家：吉林市船营区教师进修学校　赵晓辉

专题四◆健康生活

《中国学生发展核心素养》中的自主发展重在强调能有效管理自己的学习和生活，认识和发现自我价值，发掘自身潜力，有效应对复杂多变的环境，成就出彩人生，发展成为有明确人生方向、有生活品质的人。

自主发展中的健康生活是学生在认识自我、发展身心、规划人生等方面的综合表现。它是所有核心素养中的基础素养，只有具有健康的品格，充分了解自身的社会性存在，才能更好地认清自己，为自身更好地适应现代生活奠定基础。

核心素养中主要从珍爱生命、健全人格、自我管理三个方面构建与培养学生健康生活的品质与能力。

要点十　珍爱生命

要点解读

大道可贵，贵于生命。生命的存在，无论是从人道主义，还是社会法则，都值得我们每一个人去敬畏，去呵护，我们没有任何权力去践踏生命的尊严。珍爱生命就是要帮助学生认识生命、尊重生命、热爱生命，提高生存技能和生命质量，促进学生主动、积极、健康地发展生命，实现生命的意义和价值。

珍爱生命是一个人生存与幸福的基石，因此，在教育教学中，要将珍爱生命贯穿始终。生命在于敬畏，让学生理解生命的意义与价值，焕发生命别样的精彩。生命需要呵护，要树立安全意识，掌握生存、自救自护的基本本领。生命在于运动，只有通过运动，生命才可能延续发展。要引导学生学会运动、学会锻炼，遵循运动规律，掌握科学运动的方法与技能，提升自己的生存能力。生命在于尊重，善待并尊重生命是一种修养，任何自暴自弃、不负责任的行为，都是对自己生命的亵渎，要有健康生活的习惯和方式。那么，如何培养小学生珍爱生命呢？

1. 培养学生理解生命的意义和人生价值

生命的意义在于：它是实现个人的潜能与理想；是实现生物性上的完美；是追求智慧与科学学识；是去做有益、正确的事；是去爱、感受并享受生活；是拥有权利、变得更加强大。人生价值是人们通过学习、工作、劳动和创造，有所发现、有所作为，是使自己的存在对社会、对他人有意义、有价值，从而激发出强烈的自我存在感。

在对学生的培养上，我们应该突破传统教学思路，将珍爱生命融入各学科教学中，融入到各种教育活动中，认真挖掘珍爱生命的内涵。“身体发肤，受之父母，不敢毁伤，孝之始也。”这是对生命教育的最高诠释。只有呵护生命，我们才能活得光鲜亮丽，才能彰显生命的教育意义。树立正确的幸福观与发展观，让学生怀着梦想，憧憬未来，懂得生命的意义，奋斗不息。积极营造充满爱的平等和谐氛围，让学生在享受爱中，懂得尊重生命、珍爱生命。让学生品味成功的快乐，感受自豪感，体验只有付出才能获得回报的人生价值。

2. 培养学生具有安全意识与自我保护能力

安全意识，就是人们头脑中建立起来的生产必须安全的观念。人们在生产活动中，对各种各样可能对自己或他人造成伤害的外在环境条件的一种戒备和警觉的心理状态。自我保护能力是一个人在社会中保存个体生命的最基本能力之一。

增强教学技术动作的实用性，如在前滚翻课程中向学生讲解该动作可预防身体失去重心后前倾的危险等。增强学生的健身意识，树立自我防范意识。强调体育在提高自身身体健康以及人身安全上的重要性。

3. 培养学生掌握适合的运动方法和技能

运动技能是指学生在体育学习和锻炼中完成运动动作的能力，它反映了体育与健康课程以身体练习为主要手段的基本特征，是课程学习的重要内容和实现其他学习方面目标的主要途径。

教师在教学中依据学校体育与健康课程实施计划的教学内容中的“内容类教学目标模型”对课程标准各个方面、各级目标进行教学内容的选择，并结合相应的理论，因地制宜，以发展的视角选择适合学生特点的具体教学内容，为制订学校的体育与健康课程实施计划打下基础。

4. 培养学生养成健康文明的行为习惯和生活方式

习惯是一种自动化的行为方式；是在一定时间内逐渐养成的，它与人后天条件反射系统的建立有密切关系；习惯不仅仅是自动化了的动作或行为，也可以包括思维的、情感的内容；习惯满足人的某种需要，因此习惯可能起到积极和消极的双重作用。生活方式狭义指个人及其家庭的日常生活的活动方式，包括衣、食、住、行以及闲暇时间的利用等。广义指人们一切生活活动的典型方式和特征的总和。

名师课例

五年级体育《定向耐久跑》

执教者：长春吉大附中力旺实验小学　邵　帅

（一）导入环节，宣布本课内容

介绍定向越野，让学生明白学习本课的目的，利用生存技能学习，激起学生的练习积极性。

师：同学们，当我们到了一个陌生的环境，比如森林，我们会借助什么工具辨别方向呢？（安全自救意识）

生：指南针、地图等。

师：很好，那么我们在大森林里面遇到危险怎么办？（安全自救技巧）

生：搏斗、跑。

师：很多时候我们遇到了危险想到的办法就是快速脱逃。今天这节课我们就来学习野外生存技能，定向越野跑。也可以称为定向跑。同学们准备好了吗？

师：在今天的越野挑战赛中还有一个很重要的任务，我们要争做环保小能手，随手捡拾起你途经路线上的垃圾。同学们抓紧整理你的服装，严禁携带任何尖锐物品。我们开始出发。

热身环节（5 分钟）：①教师在出发前先带大家做准备活动；②找点热身跑，在足球场内摆出一个时间转盘，通过几点钟让学生找点做热身跑，主要锻炼学生的方向感，学生开始练习，教师利用之前做好的任务卡，根据任务找到相应点。

（二）基本部分

1. 教师讲解规则及跑步动作要领

师：讲解跑步的基本动作要领，让学生体会到长跑中呼吸均匀步伐一致的重要性，让学生掌握科学健康运动的技巧。

（1）具体组织流程。

①学生自由组队，每队 8 人，要求每队男女生搭配。

②比赛采取找点打卡制，利用回答问题的方式，每队根据地图找到点，回答上面的问题并写在地图指定区域，才可以进入下一个打卡点。

③引导教授学生注意跑步过程中的安全，选择安全线路奔跑，不跨越不攀爬践踏建筑物及草坪。

④比赛过程中同组队员要同心协力、相互配合来完成比赛，任何一组有一人因特殊原因退出比赛的，本组算自动放弃比赛。（培养各组的团队精神）

⑤每组队员比赛过程严禁单独行动，必须 8 人在一起（四人间相互距离不能超过 5 米，否则被认为是单独行动）。任何一队若有一人次以上离开队伍，则取消该组成绩。

⑥任何一队若漏跑一点在总成绩上加 30 秒。在比赛过程中若发现漏跑的可以退回到漏掉的点重新进行下面的行程，成绩有效。

⑦若在终点关闭后回来的队伍成绩无效。

备注：每组配备了对讲机，教师可以实时通过对讲了解孩子的方位。

（2）设计定向线路。

比赛根据校园的情况，点位定在教学楼外的任意地点，包括操场、篮球场、绿植区等，打卡点设置 10 个；比赛路线距离保持在 100 米左右，尽量避免出现地图路线交叉和通过草坪的路线。5 小组分别设计 5 条不同的线路。

A1：1→2→3→4→5→6→7→8→9→10

A2：4→5→6→7→8→9→10→1→2→3

A3：6→7→8→9→10→1→2→3→4→5

A4：10→9→8→1→2→3→4→5→6→7

A5：3→2→1→10→9→8→7→6→5→4

选择折中区域同时出发，检查点一般设置在学生最容易忽略的地方，地图标明打卡点（问题）的范围，需要8个人去找，比如：在草地上、花丛里、树杈上，原则是不易寻找的较安全的区域。目的是让学生感觉：地图上就在这啊!？怎么没有？够隐蔽的!

师：讲解规则和注意事项后，抛出几个问题，让学生边运动边思考。

问题一：学校里面大致有多少种植物？（关注植物与生命）

问题二：找点时最主要的是什么？（引导学生学会团队配合）

问题三：跑步三步一吸三步一呼的重要性是什么？（引导学生正确呼吸，科学运动）

问题四：如何更安全地取得成功？

2. 教师讲解规则后，宣布出发，学生带着问题练习

此时，学生们出发后老师就成了观众，观察学生们的一举一动，一方面进行裁定，另一方面通过对讲机不断告知学生注意跑步姿势和呼吸方法。

本课把主动权交给学生，充分显示学生的课堂主体地位。还原上课时的场景画面：

片段1：学生出发后并没有立即开始练习而是先研究地图，刚开始学生拿到地图好像还不是很明白，主要就是旁边的花花草草和建筑怎么才能和地图上的图形对应等问题。他们刚开始都是核对身边的建筑物，学生开始自主提问题相互讨论。

片段2：3组找点的时候，同组队员各抒己见，意见不统一导致一个检查点找了好久。最后是队长分配任务小组齐心协力解决了问题。通过合作，获取检查点中的题目。

片段3：学生随手捡拾地上的垃圾，保护环境。

片段4：学生出现体力不支现象，速度较慢，其他同伴搀扶体力较弱的学生，互相帮助继续前行。

最后所有组在规定时间内完成比赛。

3. 学生回到终点进行小组讨论，各组派代表回答问题

师：同学们，恭喜你们都完成了比赛，在比赛过程中老师看到了很多画面，比如同学们靠团队的力量互相搀扶前行，各组同学充分动脑思考，研究地图找点，回答问题，等等。老师很是感动，下面请各组代表结合这节课你的感悟谈谈老师之前布置的问题。

A1 学生代表：在跑步中我们观察到了 10 多种植物，找点的时候我们更应该注意方法，同学们一起去找点会比较快。在这个比赛中我们互相帮助一起完成了比赛，让我感受到了团队的力量。

A2 学生代表：我们觉得找点时最重要的是利用团队的力量大家一起找，这样会比较快……

各学生依次发言，教师加以引导。

（三）放松总结

师：组织所有同学按照教师口令进行拉伸运动，教师引导学生在活动后一定要注意放松，防止乳酸堆积或者产生肌肉反应，教授孩子科学地运动。

师：本节课，我们通过定向跑提高了大家的生存技能，大家都能很好地识地图辨方向，这节课我们通过耐久跑练习掌握了正确的跑步姿势与呼吸方法，希望这对大家以后运动也会起到帮助。同学们刚才的发言都是本节课老师想让大家明白的道理，比如互帮互助——团队精神，随手捡拾垃圾——做到爱护环境，仔细思考再采取行动——三思而后行，体会运动的乐趣——保持良好的运动习惯。老师希望大家能带着本节课的收获继续保持爱运动爱跑步的好习惯，让我们拥有健康的身体，也让我们拥有良好的生活态度，乐观积极地面对生活。

课例点评

体育《定向耐久跑》课，以五年级定向耐久跑作为教学内容。定向耐久跑是将定向越野简化的一门增强学生综合能力的一门课程。它是一项非常健康的智慧型体育项目，是智力与体力并重的运动，能培养学生独立分析解决问题的能力和良好的逻辑思维能力。

1. 卓有成效地突出了核心素养中“珍爱生命”的培养

（1）重在培养学生掌握相应的运动方法和技能。

在耐久跑教学中，主要教会学生正确的跑步姿势和呼吸方法。教师在课上不断提醒学生注意三步一呼三步一吸。在识别地图找点的过程中，学生也掌握了辨别方向的技能，较好地完成了掌握运动方法和实用技能的教学目标。

（2）着重培养了学生的安全意识与自我保护能力。

定向跑更加看重遵守规则，学生要按照地图上的点位顺序进行奔跑，在奔跑过程中，进行自我约束，可以看到本节课学生都有很好的规则意识，并且在开始前，教师反复地强调注意课堂安全，也增强了学生的安全意识，让学生学会了自我保护。

（3）培养学生的综合能力，身心得以健康发展。

在本课教学中，有效地增强了学生心肺功能及肌耐力，学生健康可持久发展离不开心肺功能及肌耐力的支撑，现在的中小学生普遍跑步较少，本节课的密度很大，学生充分的运动，再结合科学的呼吸方法，学生很好地提高了心肺功能及肌耐力等身体能力，保证了学生的身体健康发展。在强健体魄的同时，还培养了学生独立思考，独立解决所遇到困难的能力，及在体力和智力受到压力下做出迅速反应，果断决定的能力。

（4）注重文明习惯的养成教育。

在上课时，教师安排了一项特殊的任务，在跑步的过程中，让学生随手捡拾起地面上的垃圾，这有助于培养学生养成健康文明的行为习惯，以及培养学生热爱大自然保护环境的生活理念。

（5）加强课堂教学趣味化设计。

跑步是枯燥乏味的，但是最有效的身体锻炼方式，如何调动学生运动的积极性呢？在教学中，教师通过游戏化的环节设计，发挥定向越野本身的魅力，有效地调动了学生主动参与运动的积极性，让学生在思考中运动，为以后学生主动运动打下了良好的基础。

2. 紧紧围绕核心素养的培养进行教学设计

（1）在课的导入部分，该授课教师巧妙生动地以找寻保险箱密码作为切入点，充分地调动了学生的积极性，把学校比喻成沼泽地，要求学生要按照规定路线奔跑，其目的是让学生保证安全，并掌握安全意识，对生命健康的培养有重大意义。接着带领学生热身，有针对性地对身体肌肉及关节进行活动，有效地为本课打下了一个好的基础，也能让学生养成一个良好的运动习惯。

（2）基本部分，教师讲授跑步的基本动作要领及呼吸的重要性，引导学生按照正确的姿势能减少身体的伤病，也会跑得更快，呼吸可以更好地调整我们的心肺功能。让学生健康安全地参与运动。在出发前，教师告知所有学生要做环保小卫士，并准备了环保卫士奖章，激发学生保护我们的环境，养成文明生活的好习惯，这也是落实珍爱生命的重要环节。

开始奔跑后，所有学生有序地拿着图纸奔向各个点位，教师巧妙地为每一个小组配备对讲机，学生可以实时收到教师的提示，这个安全措施很有创新性。学生边跑，教师边提醒，提示学生注意身体姿势，并注意呼吸。可以看到小组在找到点位后有一个相互交流研究的过程，很好地将被动转化为主动，将单一运动转化为多维运动。

（3）学生跑回终点的时候兴奋地抱在一起欢呼，体会喜悦。生命的意义与人生的价值在此刻展现得淋漓尽致。学生共同体会胜利的喜悦。所有学生都满头大汗，能坚持跑完全程，孩子们靠的是毅力和求胜的欲望。这堂课的密度很大，充分提高了学生的心肺功能，保证了学生的身体健康，并做到了终身体育的培养目标。

（4）结束部分教授学生进行放松，并对优胜组进行了表彰，对其他组进行了激励。

3. 构建核心素养导向的新课堂

本节课在构建核心素养导向的新课堂过程中，有值得借鉴的几个特点：第一，由浅入深，循序渐进，课堂氛围活跃，学生参与度高；第二，培养方向多元化，涉及核心素养中珍爱生命要点较全面；第三，教师注重细节，对课程的重难点把握到位；第四，注重培养学生能力，而不是单纯的身体练习，并做到了真正的教与学的转变。

点评专家：长春吉大附中力旺实验中学　李　强

要点十一　健全人格

要点解读

《中国学生发展核心素养》中“健全人格”的主要内涵为：具有积极的心理品质，自信自爱，坚韧乐观；有自制力，能调解和管理自己的情绪，具有抗挫折能力等。一个具有健全人格的人，就是德、智、体、美、劳诸方面均得到协调发展的人，是未来社会的合格建设者和接班人。

蔡元培先生曾说过：“决定孩子一生的不是学习成绩，而是健全的人格修养。”的确，健全的人格不但可以让人不断认识自我、提升自我，还能大大地提高一个人适应社会的能力。所以，无论是家庭教育还是学校教育，都应该把培养健全人格放在第一位。一个人的人格是否健全会影响自身的行为和认知，当人格不健全时，他的行为和认知会出现偏差，严重时就会出现错误的行为，这不仅影响到他自身的生活，也可能影响到他人的生活。因此，在日常的教学当中，比教知识更重要的是要塑造学生健全的人格，让他们能积极健康地成长。那么，如何培养小学生的健全人格呢？

1. 基于学科教学，培养学生积极健康的心理品质

小学是每一个儿童收获知识，获得成长的第一块主阵地，是启迪孩子智慧放飞梦想的第一个摇篮。“为了每一位学生的发展”是新课程倡导的核心理念。这一理念的提出是社会主义核心价值观在学科教学中的具体体

现。我们在传授知识和培养能力的同时，更要将积极的情感、端正的态度、正确的价值观有机地融入课程教学的全过程。引导教育学生做一个积极探索、主动求知、有学习欲望并能以阳光的心态克服困难的小学生。在培养学生健全的人格时，教师首先应该让学生能够拥有一种积极健康的心理品质，能在探索中树立远大的理想。尤其是小学阶段，孩子们活泼好动，天真无邪，对生活、对知识、对一切未知的领域充满着无限的好奇和美好的愿景，这就需要教师在学科教学中充分激发和保护好孩子们的好奇心和求知欲，让学生对知识有不断探索的精神，对生活充满无限热爱。

2. 基于儿童心理特点，充分尊重、赏识学生

德国作家席勒有句名言："还有比生命更重要的就是荣誉。"从心理学角度看，每个孩子心灵深处最强烈的需求和成人一样，就是渴望受到赏识和肯定。因此，要培养孩子拥有健全的人格，我们就要自始至终给孩子前进的信心和力量，哪怕是一次不经意的表扬，一个小小的鼓励，都会让孩子激动好长时间，甚至会改变整个人的精神面貌。要相信每个孩子的潜力都是巨大的，我们要善于捕捉在他们成长道路上的每一个闪光点，不停地为他们鼓掌欢呼，使之坚强乐观。当孩子及时充分感受到这种被肯定、被赏识的成功体验时，就能很好地帮助他们克服自卑，从而产生一种内在的成就感，进而不断地产生新的追求，内化成想继续取得成功的需要，这就激发了深入学习的动机和兴趣。当学生没成功时，老师要及时地给予鼓励和支持，使他转苦为乐，这是他们学习情绪转变的开始。我们所一直遵循和倡导的分层教学，分类指导，因材施教，采用"跳一跳够得到"的教学理念，能让不同孩子更多地体会成功的喜悦，从而促使学生不断地努力学习，获得自信心，拥有积极乐观的品质。

3. 基于社会实践活动，注重养成教育

当代教育家魏书生曾经说过："行为养成习惯，习惯形成性格，性格决定命运。"可见，塑造孩子一个健全完善的人格比教授他们一个高的分数更为重要。这就必须从养成教育抓起，大处着眼，小处入手，打好人生

的初稿。社会实践活动是学生养成良好的行为习惯和形成健全人格必不可少的大课堂，这是对学生人格培养的全方位的锻炼和检验。在这一开放性的大课堂中，可以带领学生走进大自然，走进社区，走进工厂，走进军营，走进每一个有积极意义的社会团体。远离了父母的视线，学生独自在团体中进行各项真实的社会实践操作，这将是锻炼学生意志品质，养成良好行为习惯，受到思想教育最好的机会。在这一过程中，不但增长了见识，丰富了阅历，还能更直接有效地提高学生的自立自律能力，自主合作能力，与人和谐相处的能力，受到责任感集体感的教育，对培养学生的健全人格起到积极作用。

4. 针对典型问题学生，重视心理辅导

培养学生健全的人格，更要格外关注群体中“问题学生”的健康成长。及时有效地对“问题学生”进行心理疏导，促进他们健康和谐发展，争取不让一个“问题学生”掉队，把他们培养成为社会的有用之才，这是我们每一位教育工作者义不容辞的责任。这些“问题学生”的产生，原因不尽相同，我们应秉承着“一把钥匙开一把锁”的原则，根据不同对象采用不同的疏导方法，对症下药。既要在学习上、生活上多关心、多了解、多指点，更要尊重他们的人格，多鼓励、多发现、多放大他们身上的闪光点。在方法上不能简单化、千篇一律；在时间上，也不能指望一蹴而就，否则就不能达到观其心、导其行的目的。可以说对“问题学生”的心理疏导不仅是一种教育方法，也是一种教育艺术。

总之，教育的出发点在于育人，在于促进每一个人全面而有个性地自主发展，进而为人的终身发展奠基，这是培育学生发展核心素养的关键，也是现在学校教育的核心所在，这是一个长期的过程，需要我们每一位教师不懈的努力。我们将在中国学生发展核心素养理论的引领下，帮助学生明确未来的发展方向，激励学生朝着自己的理想不断努力。

名师课例

一年级语文《做手影》

执教者：吉林市第二实验小学　王玉霞

（一）情境导入

今天的语文课，老师给同学们带来了几幅特别有趣的图画，它们是什么呢？让我们一起来看一看，猜一猜吧？

生：我猜是小鸭子。

生：我猜是小山羊。

师：对了，是一只可爱的小山羊。还有什么呀？

生齐回答：小蜗牛。

师：一只可爱的小蜗牛慢慢地爬呀爬呀，多有意思呀！还有呢？接着看！

生：我猜是老鹰、小鸟、小鸽子。

师：是一只小鸽子。继续看图（小鹦鹉，小人等）。

师：刚才我们看到的这些有趣的图案，猜一猜究竟是用什么变出来的呢？

生：用手。

师：有手就能变出来吗？（还需要有光线）我们把手在光线下形成的各种漂亮有趣的图案，叫做手影。手影是一种特别有趣的游戏。今天我们就来学习一首小儿歌——做手影。（齐读课题）

（二）学文识字

1. 读中感悟，整体把握

师：儿歌当中究竟都讲了哪些有趣的事呢？接下来就请小朋友们拿出题篇，先听老师读课文，同学们认真听读，要听准每个字的发音，看谁听得最认真。

（教师范读）

师：现在，借助拼音自己试着读一读，边读边圈出今天要认识的生字，并且借助拼音多读几遍。看谁读得最认真，开始吧！（学生练读）

师：同学们读得很认真，有的同学圈出了生字，有的同学借助拼音把不认识的字进行了拼读。谁愿意把这首小儿歌试着读给同学听？（指名 2 ~ 3 名）

师：课文已经基本能读正确了，现在请同学们认真观察一下课文，说说你发现了什么？

生：每句话的后面都带“了”。（课件的“了”字变红）

师：你真是一个善于发现的好孩子，这个“了”放在每个句子的结尾，读的时候要注意读成轻声。“来了”，（贴字卡）好，读准了这个字的发音，老师想请同学再来读读课文，读时要注意“了”字的发音，看能不能读正确。

2. 分句学文，识记生字

（1）兔来了，狼来了，螃蟹爬上墙来了。

①字音读准了，看看你们是不是读懂了。在这首儿歌中都提到了哪些小动物呀？它们长得什么样子呢？想不想看看？今天这些小动物就来到了我们的课堂上，快看，这是……（分别出示三幅图：兔，狼，螃蟹）它们见到你们可高兴了，你们想不想和它们成为好朋友？那我们就读读这句话吧！看谁能把这句话读好，谁就是它们的好朋友。

②一起来读读。在这句话中还藏着我们今天要认识的三个生字呢，谁能把这三个生字的字音读一读？还有谁认识？快看，它们的左半边都是我们今天要认识的偏旁部首。在它们中还藏着很多汉字的秘密呢！

③认识狼：看第一个字，这个“狼”的左半边是（反犬旁），跟老师读一遍“反犬旁”。知道反犬旁表示什么意思吗？猜猜！你们看（字理图）反犬旁以前是一只狗的变形，后来为了写字的方便就把它的笔画简化成了这个样子，可是在书写的时候不方便，怎么办呢？就把它立了起来，变成了今天的反犬旁。带反犬旁的字都与兽类有关，你们猜猜生活中都有哪些字可能带反犬旁呢？我们将在以后的学习生活中认识更多这样的字！

生：老虎也是动物，那“虎”为什么不带反犬旁？

师：“虎”是人们依据老虎的样子描画出来的，是一个象形字。你们看，同样是动物，造字的方法却不一样，中国的汉字多神奇啊！你真善于思考。

④ 良：“狼”去掉反犬旁，它的右半边是我们要学习的生字“良”，它和“狼”的发音比较像，组词（善良）。师评：老师希望你们都是善良的好孩子。（良药苦口利于病，忠言逆耳利于行）你们可真善于积累，语文学习就要从点点滴滴的积累开始。

⑤爬：这个字认识吗？想想哪些小动物会爬呀？这些小动物在爬行的时候都要借助手爪的力量，所以左半边是爪字旁。

师（小结）：汉字多有意思啊。我们看“狼”与兽有关就带反犬旁，爬行需要用到爪子，所以爬字就带一个爪字旁。认识汉字也是有规律的。

⑥墙：那这个字认识吗？它的左半边是提土旁，能说说吗？（因为古代的墙大多都是用土堆成的，所以就带提土旁）快看看土字做偏旁时在写法上有什么变化？能给墙组词吗？

师（小结）：通过刚才的学习，我们认会了三个生字，还发现了这些生字都特别奇妙，更了不起的是我们还认识了它们的偏旁部首，帮助我们理解了汉字的意思，汉字多奇妙啊！

⑦检测字：不知不觉我们把第一句话中的生字都认会了，现在老师把它们请到黑板上，看还能不能读出它们的发音。

⑧读句子：认会了这些生字，再读读这句话，一定能读得更好。

（2）第二句：电灯一关都跑了，电灯一开又来了。

①灯：这三个小动物终于和你们成为好朋友，所以呀，它们要和你们做一个小游戏，想不想玩？快看，发生了什么事呢？（课件黑屏）怎么回事呢？读读这句话。

师：淘气的小手影跑哪去了？（课件亮屏）出示句子。读读这句话。

师：根据刚才学习的知识，猜猜“灯”为什么用“火”字旁？（都是用火照明的，所以用火字做偏旁）

师：（看图）这是古时候的灯，点火取亮。火做偏旁也有变化。发现什么了？（捺变点）读一遍：火字旁！都知道有什么灯？

②丁：“灯”去掉火字旁，就是我们要学习的生字“丁”。组词。

③跑：这句话中还有一个生字呢，能猜猜吗？赛跑需要脚，所以左边是“足字旁”。足字做偏旁时最后两笔在写法上有变化。为了书写的方便把捺变成了竖提，读一遍足字旁。

师：你都知道有哪些跑步的方式？今天老师给同学们带来了几幅跑步的图片，一起读读图片下面的词语。看图扩词：跑步，短跑，长跑，赛跑。马拉松是最长距离的赛跑了，在我们吉林市也会举办国际马拉松比赛，到时可以亲眼看到什么是马拉松赛跑了。

④都：刚才做游戏时，电灯一关怎么啦？（都跑了）能换个词吗？（全跑了）“都”就是“全”的意思，那谁能用这个“都”说句话？

师评：你们都是最聪明的！

⑤关：老师要考考你们，在这句话中，还有一组反义词呢，找到了吗？（开—关）把这两个字放在一起，还是一个词语呢，知道什么是开关吗？会给这个关组词吗？

（3）再读文，生字检测。

①已经把儿歌中所有的生字都认会了，老师相信你们一定能把课文读得更好，更有感情！谁愿意试试？把整篇课文读下来，可了不起了！

评价读：读到都跑了，看到伤心的样子了，找不到了可怎么办呀？当他读到又来了，可高兴了，就像他这个样子，谁还会读？

师评价：看到表情的变化了。再一起读读。

②看，课文没有了，只剩下生字了，这回还能把字音读出来吗？谁愿意接受挑战？（评：尤其是这个“了”字，读得又轻又快，谁还想试试？一起读读。）

③这些字宝宝可淘气了，打乱顺序，跑到老师的手里了，还能正确读出来吗？开火车领读。

（三）指导写字

（1）指导观察。

师：认识了这么多字，今天我们再来学写两个字“丁”和“灯”。

①观察“丁”：“丁”是一个独体字，仔细观察，写的时候需要注意什么？（舒展，大方）

②观察“灯”：怎样才能把这个字写好？需要注意什么？

③观察这两字的区别：发现“丁”字变瘦了。

师评价：同学们真细心，看出这两个“丁”字不同的地方了，那在“灯”字中的“丁”为什么变窄了呢？对呀，写字就像我们小朋友之间相处的时候要互相谦让一样，笔画之间也要相互避让。

（2）指导书写：师范写，生书空，并练习。

（3）评价：看来写字还得需要细心观察字的位置，认真观察每一个笔画，才能写得端正漂亮。

（四）朗读背诵

（1）这节课同学们认识了10个生字，会写了2个生字，不知不觉中相信你们已经把儿歌背得差不多了，接下来我们就做几个有趣的小游戏！（练习拍手读文）

（2）表演读：学着小动物的样子，边做动作边背。

（3）根据提示，用自己喜欢的方式背一背。

（五）小结本课学习（略）

课例点评

《做手影》是长春版小学语文教材一年级上册第五单元“童趣”中的一篇课文，讲述了手影游戏带给儿童的神奇有趣的感受。

本文的教学价值在于通过多种识字方法的运用，发现汉字规律，在掌握识字方法的同时感受汉字魅力，把学习与实际生活紧密地联系起来，让学生感受到健康的生活情趣，培养学生对汉字的喜爱之情。通过做游戏、动作读、拍手背等多种方法加深对课文内容的理解和掌握，使学生玩中学，学中有发现。重点体现了核心素养之健全人格的培养，具体体现在以下几方面：

1. 依托文本内容，感受健康生活情趣

语文生活化，使课堂成为学生成长中的一段精彩历程。“做手影”是生活中孩子们喜闻乐见的一种游戏方式，依据一年级孩子的年龄特点，从课题入手，通过向孩子展示生活中的几幅有趣的手影游戏图片，把学习与儿童的实际生活紧密地联系在一起，极大地激发了他们的学习欲望，在课堂学习中充分感受到了生活情趣。

例如：在识字过程中，认识“爬”字时，让学生想一想生活中还有哪些爬行的动物？认识“灯”“关”时，又让学生与自己的生活实际相联系，说一说生活中见过哪些灯？在教室里找一找“开关”在哪里？这些学习环节的设计都极大地丰富了孩子的生活积累，这些有趣的生活体验得以在课堂中呈现，正体现了教育家陶行知先生所说的：“教育是为了生活，离开了生活，教育就失去了意义。”

语文教学就是要努力营造“大语文”环境，要面向学生的现实生活世界，让语文教学“生活化”，巧妙地把学生已有的生活经验引进到语文学习中来，让学生在学习语文的同时，学习生活并磨砺人生。因此，让语文教学回归生活，是语文教学的应有之义。这堂课能根据儿歌的内容，让孩子充分感受健康的生活情趣，培养了学生的健全人格。

2. 依托教学评价，引导学生乐观自信

语文课程是一门学习语言文字运用的综合性、实践性的课程。其中重要的组成部分就是识字教学。2011 版《义务教育语文课程标准》中关于识字教学的实施建议中这样表述：“喜欢学习汉字，有主动识字、写字的愿望。”可见培养学生的识字兴趣和主动乐观的学习态度是识字教学中最重要的一个方面。在本节课的教学当中，教师能依据文本特点，通过教学评价性语言关注学生乐观自信的学习态度的培养。例如在导课时老师就能评价孩子“你说话可真完整！”“你真善于发现！”课堂上不经意的一两句话就给学生们以充分的自信，帮助学生增强自信心，带给他们以力量和鼓舞。尤其是在识字环节，老师通过让学生看反犬旁的字理演变过程，在体

会汉字的神奇有趣时，有学生提出“为什么虎是动物却不带反犬旁呢?”此时对于学生的发言，老师在巧妙地回答了问题之后，还机智地对学生的善于思考善于质疑的精神给予了鼓励。再比如学生给“良”字组词时，说出了一句谚语“良药苦口利于病，忠言逆耳利于行”，老师就及时地赞扬学生：“你们可真善于积累，语文学习就要从点点滴滴的积累开始。”诸如这样的积极的课堂评价特别有针对性，既是对孩子学习态度的鼓励，也是在教学生好的学习方法，具有非常积极的导向作用，能让孩子明确自己努力的方向。所以良好的课堂评价是本堂课的一大特色，孩子们在老师积极的评价中获得了乐观自信的感受。

3. 依托课堂管理，培养学生自我控制

在这堂课中老师非常注重学生自我控制能力的培养，通过培养良好的学习习惯，帮助孩子建立规则意识。例如在课堂中，指导写“灯”字时，让学生把“灯”与“丁”进行对比，同学们很快发现写“灯”字时，右边的“丁”字变瘦了，于是老师顺势引导“其实写字就像我们小朋友之间相处的时候要互相谦让一样，笔画之间也要相互避让”。通过这种写字指导，从观察笔画的变化和位置，把字写正确规范，到课堂上专心听讲、坐姿的要求，再到做识字游戏时要遵守游戏规则意识等都使孩子在学习的过程中，自制性、坚持性、独立性等方面获得进一步的发展，这就从根本上调动了学生的潜在能力，从而提高了学生的整体素养。

4. 依托教学进程，培养学生的抗挫能力

本课这首儿歌虽然短小精悍，内容浅显，却承载着认识 10 个生字，4 个偏旁部首，会写 2 个生字的学习任务。学会这些知识，对于刚刚入学不久的一年级学生来说，并不是一件简单的事情，所以就需要我们教师巧妙地把识字任务和诗歌的学习有效地结合在一起，合理分配学习时间，让他们能在快乐轻松的学习氛围中进行学习，减少他们的畏难情绪。教学中老师能通过“比一比哪个小组先坐好”“赛一赛谁背得最快”“看谁写得又快又好”等方式让学生建立起竞争意识，提高做事效率，进而从一点一滴

做起，帮助学生克服困难，养成良好的学习习惯和学习品质。在学生背诵儿歌时，老师还关注到了那些背诵有困难的学生，通过同桌帮助、小组合作等方式，调动了学生学习的积极性，及时鼓励并帮助他们进一步学习，极好地培养了他们的抗挫能力，真正为形成健全人格奠定了基础。

总之，从整体上来看，本节课的教学设计突出“趣、实、巧”三个特点，简洁清晰，教学步骤环环相扣，学生学得轻松快乐，在玩中学，学中有规律有方法，较好地落实了培养健全人格的这一核心素养。

点评专家：吉林市教育学院　唐德喜

要点十二　自我管理

要点解读

学生发展核心素养中的自我管理，其内涵主要是指：能正确认识与评估自我；依据自身个性和潜质选择适合的发展方向；合理分配和使用时间与精力；具有达成目标的持续行动力等。

自我管理是个人发自内心的活动，既包括日常行为管理，也包括心态、心理素质的管理。现代教育理论认为：“教育的对象是一个个充满活力和探究精神的生命个体。”即使只是一个小学生，他也具备了一定的自律能力。从心理学本身来说，受教育的学生本身就具备自我管理的欲望。

当今社会所需要的人才，不仅仅局限于专业知识的精通，还要求具有实际的动手操作能力，与人沟通的能力，突遇困难的应急能力，工作中的创造能力，等等。面对如此迫切的需求，学校教育承担起引导学生进行自我管理，培养其自我管理的能力是应情应景的。只有学生的自觉性提高了，才能改变大小事情老师包办的状态，学生被动、老师主动的现象才能有所改变。学生自我管理的目的正是为了健康成才，提升学生自我管理的能力，学生才能更好地进行自我约束，能够积极参与社会的各项实践活动，主动与人沟通增强社交能力，等等。学生在自我管理的过程中不断思考和学习，提高综合素质，这样才是真正为社会预备了可用的全面发展的人才。

如何培养和发展学生的自我管理这一素养呢？

1. 发挥学科德育优势，明确学生自我管理方向

将立德树人目标融入学科教学之中，根植于学科核心素养，实现学科育人。学科课堂是核心素养教育的主阵地，学科德育是学校德育的基本内容和主渠道。因此，在我们的学校教学中，不仅仅要在品德与生活，品德与社会这样的科目中向学生讲授自我管理的重要性和方向的引导，更应在各个学科中渗透，学习自我管理的方法，从而达到多学科融合共育，为学生自我管理保驾护航。华东师范大学钟启泉教授曾将学科课程定义为三个层面：学科知识体系、学科思维体系、学科育人功能。可见，任何学科既有其个性存在，又都异曲同工、殊途同归——以育人为旨归。

比如语文老师在执教《粗心的小画家》一课时，可以通过听歌曲、看视频的方式让学生感受文中丁丁的粗心可笑，然后教师可以找到学生在学习中和生活中的粗心之处用课件以图片方式播放，加深学生体会，感知自己平时的马虎带来的影响。最后可以通过课文的学习，让学生联系生活实际，自己畅谈感想，让学生从内心驱动上，从情感表达上，明白粗心大意、骄傲马虎的弊端，反省自己的行为，指导自己在学习和生活中更加认真、细心、谦虚。从而更好地认识自我，明确自我管理的重要。

由此可见，如果能在多学科教学中，在与学生的交往中，渗透自我管理的理念，就能让学生在获得知识的同时，学会自我教育，学会规划自己，提高自我效能感，为今后的自我发展提供明确的方向指引。

2. 发挥班级管理优势，历练学生自我管理能力

（1）在班级管理上，应该培养学生的主体意识。

引导学生树立集体荣誉感和正确的人生观、价值观，做到自我约束、

自我调节、自我鞭策。抓住班级里生活上的每一件小事，真正将“周班会、月评价、期总结”落到实处。随着年级的升高，教师可以将班会活动老师的“一言堂”转化为以学生为主体，人人都参与的班会，把学生推到班会的前沿阵地，充分挖掘学生的创新精神，使班会活动很好地体现学生的主体地位，真正地培养学生的主体意识，使学生成为班级的主体力量。

（2）在实践活动中培养学生的自我管理能力。

我们可以将学校开展的各项活动，利用好学生的兴趣和特长等优势，在应对实践过程中，通过资料准备、排练体验、自我展示等形式，认识自我的主体价值，提高自我调控能力。正如魏书生所说的“人人有事做，事事有人做”，只有投入到各种实践活动中，自我管理能力才能实现由被动到主动，由盲目适应到自觉主动地改造外部世界。

3.发挥家校协同优势，提高学生自我管理水平

“一根筷子易折断，十根筷子抱成团。”大多复杂的工作都不会仅凭一己之力完成，教育教学更是如此。由于学生年龄的问题导致他们养成在家靠父母、在校靠教师的习惯，所以家校联合是培养学生自我管理能力的措施之一，也是最重要的措施。就是要在学生心目中树立一个“自主”的观念，让他们先转变“依靠”管理的思想，将“家校联合管理约束我”转变为“我要自己管理自己”。

在生活和学习中，要让学生体会到自我管理的重要性。学生学习的目的是获取知识、掌握技能、提升素养、培养良好的情感态度和价值观，以便于在未来适应社会发展。要让他们明白自己是自我价值实现的主体，只有通过自己管理自己，才能将自我价值充分发挥，才能获得人生的成功。这一点教师和家长应该从小事出发。例如，家长在家里可以让学生自己的事情自己做，洗衣服、叠被子、做功课等事情都不过分插手，让学生在生活实践中一步步地获得成就感，体会到自己存在的价值；教师除了在日常教学和班级管理中，及时关注指导外，还应该和家庭教育紧密相连，勤沟通，多评价，家校共育，才能切实提高学生自我管理的水平和高度，逐步形成积极向上、努力自信的心态，从而提高学生的自我管理水平，让其健康成长。

名师课例

一年级语文《长大》

执教者：吉林市第二实验小学　王妍妍

（一）谈话导入，体会长大

师：同学们，开学到现在已经有一段时间了，老师发现你们长大了不少。你们都学会了什么？能跟我们说说吗？

生：我学会了叠被子。

生：我学会了擦玻璃。

师：是吗!？真了不起！还学会了什么？

生：我学会了自己的事情自己做。

师：那一定还有一些没有学会的，你能说说吗？

生：我还不会做饭。

生：我还不会开车。

（二）初读课文，听准字音

师：是啊！将来的日子你就会学会这些的。今天老师要带大家认识一个小男孩，他和大家同龄，也遇到了这样的问题。

师：今天我们就来学习《长大》。这首小诗歌一共有 5 个小节，老师来范读课文，请你手指书，听我读，注意听准字音，听清节奏。（教师读文）

师：老师刚才发现很多小朋友情不自禁跟我读了起来，现在就借助拼音自由朗读，遇到读不好的地方，借助拼音多拼读几遍！（朗读课文）

（三）分节朗读，学习字词

1. 学习第一小节

师：刚才老师巡视的时候发现有的同学真了不起，已经把课文读得很

好了，还有的同学读得不够好。没关系，这节课我们就一节一节地朗读，相信同学们一定会把字认好，把文读好的！（指名读文）

师：读得真不错，在这第一小节当中，有几个词我们读读。（词卡）

生：扣扣子、拉拉链、绑鞋带。

师：我们快来看“扣扣子”“拉拉链”中的“扣”和“拉”字是什么偏旁部首。

生：提手旁。

师：都是带有提手旁的，带提手旁的字都和什么有关呢？（和手）和手上的动作有关系，你能做一个拉的动作吗？除了可以拉拉链，还可以拉什么……

生：拉门、拉车。

师：我们认识了“拉”字，再看看这里边也藏着要认识的生字“鞋”。

师：快看看自己穿的什么鞋？

生：白鞋。

师：那你们还知道哪些鞋？

生：王老师现在穿的鞋就是高跟鞋。

生：运动鞋。

生：凉鞋。

师：好，今天王老师给你们准备了几幅鞋的图片。（根据图片说出鞋的名称）

师：除了可以说绑鞋带，还可以说……

生：系鞋带。

师：对了，我们经常说系鞋带。因为我们的作者是台湾地区的作家，和我们大陆说话稍有不同，但它们都表示一个意思。中国的语言是十分丰富的，那我们再把这三个词读一读。

师：词也读好了，字也认了。第一小节你们能读好了吗？（指导朗读）

2. 学习第二小节

师：真不错！文章中的小男孩已经学会做自己力所能及的事了。再看看，他又会做什么了呢？谁愿意读读？（朗读第二小节）

师：你真有进步，声音洪亮。

师：这一小节，小男孩学会干什么了？有什么变化吗？

生：这个小男孩不再害怕看医生了。

师：读读这个词。

生：看医生。

师：那他还有什么不会做的？打针他还会忍不住哭泣。读读。

师：快来看在这里也藏着两个需要认的生字呢！一个是“医生”的“医”，谁有办法记住它？

生：中医、医院。

生：我起湿疹的时候，妈妈给我买过“三国神医湿疹膏”。

师：看来生活当中有很多识字的好场所。在生活中我们总能看到“医生”的“医”。一起读一读。

师：虽然鼓起勇气上医院，可是还是会“哭”，这个字也是要求会认的生字，谁有好办法记住？

生：我认识“哭”，我可以给大家猜个谜语——让狗咬两口就念哭。

生：因为犬就代表狗，被狗咬了两口就念哭。谁被咬了两口不会哭啊！

师：是啊！那我们看这里有个新的偏旁部首——犬字部。那么凡是带有“犬”字旁的字都和狗有关。还可以通过猜字谜的方法来记这个哭字。谁能给它组个词？

生：哭爹喊娘、哭笑不得。

生：哭哭啼啼、痛哭流涕。

师：谁能记住这三个词？

师：好了，通过组词的方法我们也把这个字认会了，这个小节谁能再读读？

3. 学习第三小节

师：现在我们读第三个小节，谁愿意读读？（指名读）

师：刚才老师给每个小节贴上了标签，你们猜猜第三小节老师会贴什么？

生：照顾弟弟。

师：真不错！我们一起读读。

师：猜猜下个词是什么？

生：抢玩具。

师：咱们再把这个小节读一读，男生、女生比赛读。

师：女同学不仅读得好，表情还特别棒！我们把掌声送给她们。

4. 学习第四小节

师：接下来再学第四小节。还有想读的吗？（指名读）

师：真有感情，感觉你就像睡着了一样。这个自然段读好了，这个小节还藏着两个词，谁能猜猜第一个词？

生：看比赛。

师：（贴词语）那这边该贴什么呢？

生：睡着了。

师：这里边还藏着我们需要认的生字“比”。

师：“比”这个生字特别有意思。快看，你在这幅图中发现了什么？

生：我在图中看到了两个人。

师：两个人怎么样呢？谁能补充？

生：我在图中看到两个人并排站立。

师：说得真好。两个人挨着站立。由人的图案变成了形，再变、再变就变成了我们现在看到的“比”。这个“比”表示两个人并排站立，是挨着的意思。老师组成了两个词语，请同学来读。

生：比肩而立，比比皆是。

师：声音真洪亮，这里的“比”都是表示并排挨着的意思。到后来这个“比”经常表示比较的意思。比较，比赛都是这个意思。你看过哪些比赛？

生：羽毛球比赛、篮球比赛………（出示课件图片）

师：光看图片不过瘾，想不想和老师一起身临其境看看棒球比赛？

5. 发现规律，学习其他词语

师：刚才同学们随着王老师和小男孩一起在成长，再来看看黑板上的这些词，你发现了什么？

生：我发现左边都是小男孩学会做的事，右边是小男孩不会做的事。

师：你太了不起了！已经发现了这些词语的规律，那么这半部分是小男孩会做的事情，就是他可以做的事情。我们齐读这个词。

生："可以"。

师：声音真洪亮！（贴"可以"）那么发现右边是小男孩还不会做的，需要他以后学习的，但是他一定会学会的。我们齐读这个词（贴"但是"）。

生："但是"。

师：文章当中有一个词语和"但是"意思一样，你能找到不？

生："可是"。

师：（贴"可是"的词卡）同学们真了不起，把这么多生字和词语都猜了出来。我们再把这些词语读一读。

6. 学习第五小节

师：不知不觉，我们和小男孩一起成长了。虽然我们在成长当中感觉自己很弱小，但是我们会慢慢地强大起来的！就让我们给小男孩和自己鼓鼓劲，齐读文章的第五小节！

7. 找规律学习其他生字

师：刚才我们把课文的五个小节都读过了，请你仔细观察词语当中是不是有一些带红色边框的字，它们都是要求会认的生字。

师：本课除了这些生字，还有好几个要求会认的生字呢！我们来看一看。请仔细观察，那些生字有什么规律吗？

生：上面一排都是左右结构的，下面一排"再"是独体字。

师：她说上面都是左右结构的字，有没有不同意见？

生：上面都是可以加一加的字，下面一行的"再"不可以用这个方法。

师：你能用加一加的方法记住哪个字？

生："亻"加"也"念"他"。

生："禾"加"口"念"和"。

师：真好！刚才我们已经认识了这么多用加一加的方法记住的生字。我们再看看这个字“再”，它是独体字。还有一个字的字音跟它一模一样，经常被搞混，你们想不想认识认识？

师：我们一起来看一看。看看这两个“zài”字你能正确地填进句子当中吗？

生：我在家里看书。

师：这个“在”表示在哪，所以是第一个“在”，第二个谁愿意试一试！

生：放学了，我们要和老师说再见。

师：应该是第二个“再”，这个“再”表示重复的意思，所以是这个“再”。

师：还有一个字很有趣，那就是“他”，还有好几个读音跟他一样的字呢！

师：“亻”的“他”表示男性，也可泛指所有人。“女”字的“她”，用来代表女性。“宀”的“它”表示用来代表事物，包括植物、动物等。这几个“ta”表示不同的含义。

8. 检测生字

师：刚才我们认识了这么多的生字。现在老师想考考你们，开火车组词读一读，你们有信心吗？（开火车组词）

师：生字我们都认会了，相信课文我们能读得更好。（齐读整篇文章）

9. 学写生字

师：读得真有感情！再把掌声送给自己。“自己”还是本课要求会写的生字。

师：（课件）仔细观察“自己”这两个字是什么结构的？

生：它们都是独体字。

师：独体字在书写的时候应注意什么？

师：应该写在格子的正中间。再看它的结构，这两个字是什么形状的？

师：长方形的字应该注意什么呢？

生：长方形的字要写在格中间，而且要写得瘦一点。

师：说得真好！下面随着老师写“自己”的“自”。（书空、交代笔顺、强调书写特点）

师：“自己”的“己”什么形？

师：正方形就应该写得方一点，这个字的主笔是什么？（书空，强调主笔）

生：竖弯勾。

师：展示学生写的字——看看这两个字写得怎么样？

生：学生评价。

师：教师修改并进行二次展示。

（三）总结收获，延续长大的快乐

师：这节课我们不仅认识了这么多汉字，学会了这么多词语，而且把课文也读得特别流利，看来长大是一件特别值得开心的事儿。长大就是自己的事情自己做，还是可以帮助周围的人。那就请同学们带着对未来的憧憬继续长大吧！

课例点评

《长大》一课是长春版教材一年级上册第六板块“家”中的一课。之前的学习中，学生了解了小动物的家，知道了自然界中的事物都有自己的归属；又了解了家庭中的亲属，帮助孩子初步建立家庭意识。此时学生已经对“家”的概念有了比较明确的认识，为学好《长大》一课做好了准备。因此，本文的教学是希望学生体会自己在家庭中的地位，通过诗歌中“小男孩”已经“学会做的事情”和“还不会做的事情”，充分认识自己，体会成长的快乐和烦恼，正视成长的历程，感受长大的美好。

本文的教学价值在于将文本作为识字写字的载体，使识字教学不脱离语言环境，在阅读中加深情感体验，潜移默化地体现了核心素养下的自我管理意识的培养。教者在以下几个方面为我们做了很好的引领：

1. 把握内容，感受文本在自我管理上的示范

学科课堂是实现核心素养的主阵地，学科德育是学校德育的基本内容和主渠道。德育只有实现学科化，才能真正发挥其育人功能，才能实现全科、全员育人。对于新入学的一年级学生来说，文本内容不仅仅是学习基础知识，习得语文工具性的载体，也是成为全面发展的人的重要途径。

《长大》一课，从文本内容上就具有这样的特点，而教者也充分利用了这一特点。诗歌介绍了在长大的过程中，需要学会很多之前不会，甚至都要父母或别人包办代替的事情，比如扣扣子、拉拉链、看医生……学会做这些事情，就是长大。除此以外，文中还提到了能帮助家里人分担家务，做力所能及的事，能像大人一样生活，也是一种成长。教师在教学中关注到了这几点，并通过以下方法在学生的心中树立了自我管理的榜样：

（1）通过方法指导，初步体会自我管理的滋味。

教师在教学第一、二小节中，引导学生学习抓住重点词语：扣扣子，拉拉链。在识字学词的基础上，体会自己的事情自己做的骄傲。

（2）通过总结发现，提升自我管理的意识。

前两个小节的学习是教师方法的给予，而在教学过程中，教师有意识地将三、四小节的学习放手下去，让学生自主发现、总结归纳、提炼关键词语。这个过程中不仅在文本内容上体现了自我管理，还在课堂教学实践中，让学生亲自参与了自主学习、主动发现、自我教育，从而达成了真正的自我管理。

2. 引导反思，对自我管理的评估和再认识

课堂中努力实现核心素养中的育人目标，是基于文本内容进行的有的放矢的教育。课堂的时间是有限的，学生的理解和认识很可能只停留在书本上的内容，所以教师恰当地引导学生将文本内容与生活连接，积极地反思生活中的行为，更有助于对自我管理的评估和再认识。

《长大》一文中不仅仅有对长大的正面理解，也有在成长中烦恼的体现。比如“小男孩”打针还是会哭，看球赛还是会睡着，等等，教师在教

学时同样将这部分内容有机地融合进自我管理的认识中。在教学中，引导学生建立自我管理意识，这是自我管理的前提。但仅有意识是不够的，还必须有过程的磨炼和方法的学习。所以教师在教学中，还应引导学生反思自己生活中的不足，培养学生正确地认识自我、评价自我，正确对待成长中出现的问题。这样的教学使知识的学习与能力的培养、素养的形成达成一致。

3. 借助写字，规范学生自我管理行为

对于低年级的小学生来说，活泼、好动是其显著特点。尤其是对于30~40分钟的课来说，让他们能够在进入学校学习的较短时间内，形成良好的自我约束和自我管控的行为实属不易。因此，基于学科特点，以“写字环节”为例，引导学生进行细致的观察、认真的临摹、端正的书写，以及富有成就感地进行展示，发挥了汉字在人的成长中“修身养性”的功能。在本节课的教学中，执教老师能够紧紧地把握住学生的年龄特点和认知规律，将对汉字的书写转化为育人的重要环节，既突出了学科育人的本体功能，也彰显了对人的成长、发展的关注。

总之，在这节课的教学当中，执教者能够从育人的层面精心设计教学，把对学生核心素养发展的关注融入学科教学之中。学生在教师的指导下，在潜心会文之中，人格得到化育，能力得到发展，素养得到形成。因此说，这是一节“目中有‘人’”的课，学生的成长成为教师教学中最重要的关注点和落脚点。

点评专家：吉林市教育学院　唐德喜

第三部分　核心素养之：社会参与

社会性是人的本质属性。社会参与，重在强调能处理好自我与社会的关系，养成现代公民所必须遵守和履行的道德准则和行为规范，增强社会责任感，提升创新精神和实践能力，促进个人价值实现，推动社会发展进步，发展成为有理想信念、敢于担当的人。

专题五◆责任担当

社会性是人的本质属性，《中国学生发展核心素养》将社会参与作为其中一个重要的方面。

责任担当，主要是学生在处理与社会、国家、国际等关系方面所形成的情感态度、价值取向和行为方式。具体包括社会责任、国家认同、国际理解。

要点十三　社会责任

要点解读

社会责任是指人基于对自身利益与社会利益关联的认识所形成的自觉为社会尽责任的意识，以及在这种意识作用下产生的经常性行为动机。它作为一种高级道德情感，是道德认识、道德感情、道德意志、道德信念四者的有机统一，对人的道德行为具有驱动作用。

《中国学生发展核心素养》中的社会责任，主要内涵是指自尊自律，文明礼貌，诚信友善，宽和待人；孝亲敬长，有感恩之心；热心公益和志愿服务，敬业奉献，具有团队意识和互助精神；能主动作为，履职尽责，对自我和他人负责；能明辨是非，具有规则与法律意识，积极履行公民义务，理性行使公民权利；崇尚自由平等，能维护社会公平正义；热爱并尊重自然，具有绿色生活方式和可持续发展理念及行动等。

学生社会责任素养的形成是一个非自发过程，需要外部系统的明确导向和内在的自教自律、自我体验。小学生责任意识的培养必须立足儿童生活，遵循儿童的心理特点和成长规律，立足班级、学校、家庭和社会等生活场域，基于学生实际生活和心理发展特点，整合校内外资源，进行层次化和序列化的培养。

1. 在家庭生活中培养学生孝亲敬长，有感恩之心

当今社会，一些家长重养轻教，最大限度地满足孩子的物质需求，并以此为筹码期待孩子以优秀的成绩回报。然而，丰衣足食的生活让孩子四体不勤，没有感恩之心，更没有家庭责任感和主人翁精神。作为家长，应当让孩子承担一些家庭义务，做一些力所能及的家务劳动；接受父母委托

处理一些事情，如交水费、电费等；代表家庭承担一些公共义务，如打扫公共卫生等。要让孩子懂得家庭是自己幸福的港湾，是生命和衣食住行的源泉，个人在家庭中至关重要。子女作为家庭成员要为家庭的美满幸福出一份力，要孝亲敬长、有感恩之心，激发孩子产生对家庭的责任感，愿意做家庭的小主人。

2. 在课堂教学中培养学生合作担当

在教学中我们经常发现一些令人担忧的现象：有些学生学习成绩很好，却只关心自己的成绩，不愿意帮助成绩差的同学，不愿意将自己的学习经验、学习成果与其他同学分享；有些同学只愿意做受表扬的事、受瞩目的事，却不愿意做对自己无益的事、默默付出的事。作为教师，要重视教学环节中学生合作担当的培养，来解决以上问题。

（1）在合作学习中培养团队意识和互助精神。

合作学习中强调分工与合作，每个学习小组接到任务后，要将任务细化、分解落实到每个小组成员身上，每个成员都必须承担一定的任务，负有一定的责任，并要和小组其他成员积极合作共同完成任务。这种学习方式，促使每个小组成员都意识到自己是学习的主人，自己的表现直接决定着小组的成败。如果自己不完成好分工就会影响小组的表现。同时在合作中需要学生发挥各自的特长，需要互相帮助、取长补短，需要经验共享、成果共享，在形成共识中培养责任感。而教师要实时关注合作学习中的各种情况，通过帮助、检查、督促、评价使合作学习落到实处，在合作学习中培养学生的团队意识和互助精神。

（2）在角色转换中培养学生能主动作为、履职尽责。

在倡导教学中尊重学生的主体地位，充分发挥学生的主动性和参与性的今天，教师会为学生创造更多的时间、空间供他们展示交流。教师让出讲台的一角，将一些力所能及的教学内容交给学生去教，这本身就是培养学生责任感的过程。学生要当好老师，就必须围绕教学内容去收集有关资料，与同学讨论、向老师请教。当他登上讲台时更会觉得自己作为课堂的主人，肩负着重任。在角色转换这一过程中，教师要不断鼓励学生，培养优秀“小教师”，使其发挥带头、示范作用。这样，通过角色的转换，使学生在学习的过程中能主动作为、履职尽责。

3. 在班级建设中培养学生自尊自律

良好的班风是一种无声的感染，能在不知不觉中发挥育人功能，对形成明确的集体目标、健康的班级舆论、自觉的纪律意识和优良的学习氛围都有重要意义。在班级建设中需要发挥学生的主体作用，调动其积极性，使之认识到个人在班级建设中有着不可推卸的责任。学生有了这种责任感，就会产生强大的内驱力，激发自我完善的欲望，由“他律”变为“自律”。在教师的倡导和引领下，学生的责任意识在班级建设过程中得以培养。

4. 在学校活动中培养学生团队意识

对小学生而言，丰富多彩的校园活动是极好的道德实践场所。学校可赋予校园活动丰富的价值内涵，如升旗仪式、课间操、艺术节、运动会等，都是爱国、文明、民主、友善等核心价值观的体现。这些活动激发了学生的参与意识，调动了学生的积极性。教师在组织这些活动时，可以充分发扬民主，听取大家的意见，明确班级奋斗目标。教师可以将班级任务分解到人，每位学生根据自己的特长、优势来展示自我风采，为争取集体荣誉而努力拼搏。这种强烈的集体意识能产生强大动力，促进学生个体发展，并使个体和集体步调一致，个人动力与集体意志融为一体，从而实现集体目标，提升责任意识。

5. 在社会活动中培养学生热心公益和志愿服务

参与社会活动可以培养社会责任感。学生是社会未来的建设者和接班人，提高其社会参与能力对于国家建设具有十分重要的意义。了解社会，适应社会，最终服务社会是学生成长应该经历的过程和要求。学生通过参与社会、了解国情、服务社会相结合，可以加深学生与社会各阶层人民的感情，拉近学生与社会的距离，了解各行各业的工作性质、职业意义、社会作用和未来前景，体察自己的兴趣、潜能和优势，进一步明确个人的理想志向与肩负的历史使命，为将来走出校门，踏进社会创造良好条件。

在每年的寒暑假和其他节假日中，学校都应开展一些参观访问、社区服务、义务劳动、志愿者活动等。而这些活动具有天然的自主性、开放性和探索性的特点，有助于把德育的“说教”模式转变为“实践体验”模式。在教师和家长的带领下学生们走进社会生活，在现实生活中探索学习，在社会参与中自主发展，不但能促进学生用知识服务社会，提升解决实际问题的能力，而且培育了他们热心公益和志愿服务，使他们形成强烈的社会责任感。

名师课例

二年级道德与法治《班级生活有规则》

执教者：吉林市龙潭区乌拉街满族镇中心小学　付晓梅

（一）活动一：活动中的大学问，认识规则

1. 情境创设：观看神秘礼物

师：欢迎和付老师一起走进《道德与法治》课堂。瞧，老师给大家带来了一件神秘礼物，想看的同学请到前面来！都能不能看到啊？

生：（外圈的学生）不能！

师：哦，这真是个问题！请大家先回去，我们来想个办法，让每个同学都能快速看到这个神秘礼物。

生：排队看。

生：老师站在前面拿给同学看。

师：这个办法听起来不错，可问题是坐在后面的同学不能看得很清楚。

生：一个一个看。

师：看来大家喜欢一个一个排队看，那这个办法到底好不好呢？我们来试一试。

（学生排队看，看毕）

师：你们的办法果然好！你们看到的是什么？一起说——

生：规则

2. 游戏体验：老鹰捉小鸡

师：你可别小看“规则”呀，规则的作用可大啦！做个游戏你就知道了。

（师生游戏——“老鹰捉小鸡”，老师故意违反规则）

生：老师，不是这样玩的，“老鹰”只能从最后一只“小鸡”抓起，不能从中间抓。

生：老师玩赖，我们不玩了。

（游戏结束）

师：同学们，很抱歉，老师没有想到不遵守游戏规则后果这样严重。看来，人人遵守规则，游戏才能继续进行，大家玩得才会开心。

那刚才我们看“神秘礼物”的活动没有规则行不行呢？

生：也不行，乱套，有的同学还看不到。

3. 视频警示：小萨叔叔说

师：看来，无论是进行活动，还是做游戏，都得有“规则”。那我们的学校生活、班级生活应不应该有规则呢？我们先来听听小萨叔叔怎么说。（播放视频）

（观毕）

师：的确，大到学校，小到班级都需要规则来保障。就说我们班吧，40 来人，试想一下，如果不设置一些规矩，不制定一些规则，会怎么样？

生：班级都乱套了。

生：就比如说安排那些值日的人，如果不按照规则，这扫一下，那扫一下，垃圾就不会被扫干净。

师：看来，我们的“班级生活也要有规则”呢！

（二）活动二：班级生活放大镜，寻找规则

1. 讨论，谁是规则制定人

师：那你们想一想，这个规则应该由谁来制定呢？

生：我们。

生：老师。

生：我们。

师：看来，大家都喜欢自己制定规则，那这节课我们就来试试制定我们的班级生活规则。

2. 交流，班级生活喜与忧

请大家把我们的学习单拿出来。

（1）班级生活中的“喜”——文明行为。

师：经过你们的观察，我们班有哪些“文明行为”呢？

生：看到老师主动问好。

生：不是我们班的担当区，看到垃圾我们也会把它捡起来。

师：比如说……

生：周彬。

师：周彬，你在哪？（找到）不是自己班担当区的垃圾你都能捡起来，你是真正的“校园小白鸽”！大家把掌声送给他！

生：我们班的同学上课时有的认真听老师讲课，积极回答问题。

师：比如说……

生：张家玮。

生：梁紫琪。

师：哦，那他们两个这方面可是我们学习的榜样呢！来，让我们大家再认识认识他们！

生：还有上下楼不乱跑。

生：下楼梯靠右侧通行也是。

（2）班级生活中的“忧”——问题现象。

师：真好！老师为这样讲文明、有礼貌、讲卫生的你们点赞！那在班级生活中你们有没有发现我们班还有些类似这样的现象？（课件）

我们请几位同学到前面来演一演。

（学生情境表演）

师：感谢几名同学的精彩表演！我来采访一下我们现场的“观众”：

你见到过类似这样的情景吗?

生：见过，他们就是这样，有一次还撞到了我呢。

生：有一次，我班几名男生在班级撒疯，其中一个鼻子都被弄出血了。

师：原来，在班级内疯闹这样危险啊!

生：我讨厌他们课间在班级撒疯，害得我都不能看书了!

师：看来，在班级疯闹不只给自己带来危险，还影响了别人呢！那老师知道了这件事是怎么处理的?

生：老师罚他们中午不能出去玩。

师：是呀，违反规则是会受到惩罚的，就是我们大人也一样。前一阵，一位阿姨乘坐火车没有按照座位号入座，被投诉后乘警提醒她，她就是不改正，最后给她的惩罚是：罚款200元，半年内不准乘坐火车。看到了吧？违反规则就会受到惩罚，无论家里、学校，还是社会，都一样！继续说说我们班级生活还有哪些问题。

生：我发现我们班有一些同学下楼的时候摸着扶手往下滑。

生：老师在上面讲课的时候，有的同学在下面讲话。

生：我看到有的同学早晨在楼道里跑。

师：这样的行为可不文明啊!

生：我发现下课铃响，有的同学就上教室后面玩，说话可大声了。

师：是呀，在教室里大声喧哗，会影响老师和同学的休息。

师：老师归纳了一下，你们说的都是纪律方面的问题，那我们班在其他方面还有没有问题？还有没有需要改进的呢?

生：我发现我班的同学都走到垃圾桶旁边了，还往垃圾桶的外面扔垃圾。

生：有一些同学吃完午饭的时候不收拾饭盒，直接下去玩了。

师：这样的习惯是不太好。

生：我们班有的同学不爱上体育课，上体育课的时候，老师转过去的时候他就冲老师做鬼脸。

师：这可不礼貌啊!

生：有的班级同学抬饭的时候不认真抬。

师：他不只发现我们班的问题，还发现了其他班级的问题呢。看来，同学们心中都有一只放大镜，既能发现这么多的文明行为，也能发现那么多的问题现象。认真观察生活，你就会有收获。

3. 练习，建立规则意识

师：其实，老师也发现了一些问题：比如上课时有的同学不举手就发言，还有的同学随便打断老师或同学的讲话，这样不只不礼貌，更会影响老师讲课、同学听课。俗话说，没有规矩不成方圆，老师来约定一下：请你像我这样坐（强调坐姿），请你像我这样做（规范举手姿势）。记住：举手发言有礼貌，坐姿端正才更美！

（三）活动三：大家一起来约定，制定规则

1. 师生探究，约定纪律规则

师：为了使我们的班级生活更愉快，下面，我们就针对这些问题来制定一些规则。先来说说“纪律”吧。你认为我们班在纪律方面还应该有哪些约定呢？老师来做记录。

……

师：在纪律方面老师记下了四条，宣读一下，看大家同不同意，请你们认真听。

纪律规则：一、上下楼右侧通行，不撒疯打闹，不迈大步，不扶楼梯下滑；二、室内不大声喧哗；三、认真做操；四、不欺负同学。同意吗？

生：同意！

2. 小组合作，约定卫生规则

师：那卫生方面呢？我们前后桌一起讨论讨论，看谁说得合理又简洁，老师仍然来做记录员。

（学生讨论）

师：在卫生方面，我们班应该有哪些约定呢？

（学生汇报）

师：现在，老师来公布一下：

第一条，美术课上收好垃圾，掉到地上的要及时捡起。

第二条，不随地扔垃圾，看到垃圾要捡起。

第三条，不随地吐痰，吐痰有方法，小纸巾来帮忙。

第四条，午饭后，及时收拾桌子和餐具。

看来我们把卫生和午餐都约定好了，大家同意不？

生：同意。

师：刚刚我们对我班纪律、卫生还有午餐方面进行了约定，制定了一些班级生活规则，这个规则听起来好像很多，执行起来难不难呢？其实非常简单，遵守规则就是按照正确的方式做事，比如说……（出示课件：绘本）

师：如果大家都能遵守班级生活规则，不仅可以维护我们班级的荣誉，同时可以使我们每一个人在班级生活中更愉快，更安全。

师：那除了班级生活有规则外，其他方面有没有规则呢？

生：还有交通规则。

师：（追问）哪一条？

生：红灯停，绿灯行，黄灯亮了等一等。

生：游戏规则。

师：其实我们的社会生活也有规则，一起来看。（播放视频）

师：所有这些规则的制定其实都是为了使我们的生活更安全更愉快。人人遵守规则，我们的社会才会更和谐，我们的生活才会更快乐！

最后，让我们一起来读一读这首规则儿歌吧！（课件）

（四）课堂小结

同学们，说得好不如做得好！希望大家在今后的生活中努力做个遵守规则的人！

课例点评

《班级生活有规则》是人教版小学道德与法治教材二年级上册第二单元“我们的班级”中的一课。本课立足于儿童的班级生活，引领儿童学会发现和认识班级生活中的规则，尝试在班级生活中践行规则，落实规则意识教育。

“具有规则与法治意识”是构建核心素养中社会责任素养的重点内容之一。规则教育作为道德与法治课程的重点和核心内容，体现了党和国家对加强中小学法治教育的要求。本课的教学价值在于引导学生树立集体生活中的规则意识，明确共同生活的规则是为了一起生活得更美好而人为设定的，我们可以通过合理地调整和设立规则并遵守规则来改善我们的生活。对小学生而言，只有在正确儿童观的关照下促进学生规则意识的形成与发展，使规则内化为学生的需要，才能真正实现社会责任素养的养成。

核心素养的提出，正在促使老师重新审视课程价值，即从关注知识为本的教学观真正转向学生核心素养的形成与发展。而这就要求我们在教学中既要遵循道德教育的普遍规律，体现道德与法治教育的特点，更要适应小学生身心成长的特点和接受能力，积极倡导深入浅出、循循善诱的方式，采用通俗生动的语言、鲜活典型的事例，增强教育教学的吸引力和感染力，从而促成学生学习方式的根本变革。

1. 转变教师的教学观念，通过价值引领建立规则意识，崇尚公平与公正

在教学中，有很多教师喜欢先给学生预设一种价值，然后再让学生去验证这种价值。事实上，如果学生在上课之前就已经有了某种价值的标准答案，这不仅会影响价值探究的客观性，也会降低探究的意义，这就是价值灌输。还有一种情况，教师把所有价值讲清楚，摆在学生面前，调动学生自主积极性，让学生自己学，教师不管。但是这样就失去了教师的教育责任，这就是价值澄清。所以，真正指向核心素养的道德与法治教学，我们更倡导在教学中既要有价值澄清更要有价值引领。以本课为例，教师在儿童生活经验的基础上，让学生通过自主参与，积极讨论和探索，了解规则的重要性。经历了“游戏引规则—生活找规则—实践中应用规则”的过程。从无规则的混乱到有规则的公平、合理，学生经历了一个探索过程，教师在学生感受到规则无处不在的时候，适时引导：规则是为我们的班级生活服务的，规则的建立和遵守是为了班级中的每个人生活得更好。初步的“规则意识”和“规则概念”也在学生心中悄然建立了。

2. 创新学生的学习方式，通过活动体验多角度领悟规则，形成规则意识和民主法治观念

（1）在游戏活动中体验规则。

游戏是学生最喜欢的活动，符合儿童活泼的天性。而游戏又是最注重公平、公正、遵守规则的活动。教师可以借助游戏将抽象的规则意识寓于生动形象的游戏之中，实现角色转换和情感认同，在游戏体验中理解为什么要遵守约定的规则，到底要遵守什么规则，深刻体会到遵守规则的重要性。

例如，本课开始就进行了两个游戏。通过游戏“猜猜神秘的礼物”，学生发现没有规则约束无法保证每个人都看见神秘的礼物，激发学生自己制定游戏规则。通过游戏“老鹰捉小鸡”寻找规则，发现每一个游戏的顺利开展，都需要大家一起遵守规则。

（2）在情境表演中感悟规则。

道德与法治课程属于经验课程、活动课程，立足于儿童在活动中获得经验和形成体验。因此，教师可以通过创设情境让学生表演开拓出一条通向儿童生活的渠道。通过生动形象的情境创设，鼓励学生通过表演来表达自己的观点、做法。引导学生在表演中促进生活经验的形成和提升。

例如，在发现班级生活中的一些不文明现象后，大家一起制定规则的教学环节。教师首先创设了一个真实的情境：班级午休时，请同学们回忆这一时间段大家都在做什么，并小组合作演一演。真实的情境再现唤起了学生的行为反思，有些同学意识到自己的行为是不文明的，影响了他人的休息，给他人带来困扰。

（3）在行为训练中践行规则。

“少成若天性，习惯成自然。”培养学生的责任素养应从培养良好的行为习惯入手。培养青少年的责任意识就是要使其养成一种思维习惯和行为方式，进而内化为基本素养。

对于小学生来说，规则意识的建立需要一个过程，而且可能还会反复。以本课为例，教学中我们发现学生知道了上课时要举手发言、认真倾听不随便说话，但他们时常还会出现随便打断别人说话、不倾听他人发言、不举手就发言的不当行为。有时，学生并非故意不遵守规则，而是没有形成习惯。因此，要让学生建立并践行规则还要开展行为训练活动，对举手的姿势、坐姿进行训练并在课堂上进行强化。不举手就不让发言，随便说话就及时提醒，并通过评价提升行为训练的效果。行为训练不是一节课就能达到效果的，需要一段时间、一个过程，更需要教师的耐心和肯定。

（4）在榜样示范中强化规则。

小学生的规则意识教育要坚持以正面引导为主，因为儿童的能力与习惯往往是从模仿中习得的。教师要重视树立榜样，发挥榜样的示范作用，学生在模仿中对规则产生积极的情感。榜样可以是身边的、生活中的，也可以是典型的、有代表性的。以本课为例，教师就选取了班级中的卫生、纪律小模范作为榜样从正面引导学生遵守班级规则。

（5）在学思结合中理解规则。

规则对于二年级小学生来说依然是“概念”，更加具体和有效的方式是在此基础上帮助学生“悟一悟”，帮助他们理解违反规则的后果是什么，让他们知道违反规则会对自己和他人产生不良影响，为此自己还会受到相应的处罚等。同样，在家里违反规则要受到家长的惩罚，在班级违反规则要受到老师处罚，如果违反了国家的法律则会受到法律的制裁。本课中教师就结合典型事例和学生的亲身经历引导学生“悟一悟”，在反思中理解规则。

点评专家：吉林市教育学院　李沫寒

要点十四　国家认同

要点解读

《中国学生发展核心素养》中指出，国家认同的主要内涵是：具有国家意识，了解国家历史，认同国民身份，能自觉捍卫国家主权、尊严和利益；具有文化自信，尊重中华民族的优秀文明成果，能传播弘扬中华优秀传统文化和社会主义先进文化；了解中国共产党的历史和光荣传统，具有热爱党、拥护党的意识和行动；理解、接受并自觉践行社会主义核心价值观，具有中国特色社会主义共同理想，有为实现中华民族伟大复兴中国梦而不懈奋斗的信念和行动。

所谓国家认同，是指一个国家的公民对自己祖国的历史文化传统、道德价值观念、理想信念、国家主权等的认同，即国民认同。国家认同是一种重要的国民意识，是维系一个国家存在和发展的重要纽带。在我国，国家认同主要表现为对我国社会主义制度和社会主义核心价值观的认同；对国家道路和制度的认同；对政党与政府的认同；对中国在国际社会中角色的认同；对文化自觉和文化自信的认同等。

当前，在复杂的全球化环境下，提高青少年学生国家认同教育的时代性和实效性显得尤为重要。小学阶段，国家认同素养培养的重点应落在社会主义核心价值观教育，培养“担当民族复兴大任的时代新人”上。具体来讲有四个方面要加强：一是加强中华优秀传统文化教育。教师要深入挖掘中华优秀传统文化蕴含的思想观念、人文精神、道德规范，不断结合时代精神进行创新，引导学生从中华优秀传统文化中汲取养分，使他们自觉树立起热爱祖国、热爱民族、热爱中华民族优秀传统文化的观念。二是加强革命传统教育。通过革命领袖建党建军建国的重大革命事件、革命故事等具有代表性的内容，继承和发扬井冈山精神、长征精神、延安精神、西柏坡精神等，继承先烈遗志，珍惜幸福生活。三是加强国家主权与国家安全教育。强调国家主权和领土神圣不可侵犯，国家统一是祖国强盛的重要保证，增强学生维护国家安全的意识。四是加强法治教育，注重培养学生法治意识，初步形成规则意识和民主法治观念，崇尚公平与公正。

重点可以从以下几方面对学生进行国家认同素养的培养：

1. 通过学科教学弘扬传统文化、培育和践行社会主义核心价值观

国家认同不是一味强调思想上要爱党爱国，更不是一味强调宣传教育，而是通过让学生了解党的苦难历程、艰苦奋斗、负重前行，为实现中

国梦而不懈努力。教师可以结合学科的具体教学内容培养学生的国家认同素养。

（1）挖掘教材内涵。

可以通过小学语文的古诗文教学激发学生对于传统文化的兴趣，通过学习毛泽东、周恩来等老一辈革命家的篇目和他们的作品，了解革命领袖建党建军建国的重大革命事件，继承革命传统；通过小学道德与法治教材中规则、诚信、合作等教学内容，积极培育和践行爱国、敬业、诚信、友善的社会主义核心价值观等。

（2）与课堂教学相结合。

在综合实践活动课教学中进行“家乡情”“我居住的社区”等主题研究活动，了解家乡历史、地域文化，增强乡土认同，激发爱家乡、爱祖国的家国情怀；在音乐课教学中，人人学唱《国歌》《中国少年先锋队队歌》，欣赏《我和我的祖国》《今天是你的生日，我的中国》等，抒发爱国情怀；在体育课教学中，介绍我国优秀运动员刻苦训练为国争光的典型事迹，共同观看奥运赛场上奏国歌、升国旗、夺金牌激动人心的场面，体验强烈的民族自豪感。

2. 充分利用校园活动，帮助学生了解祖国，进行爱国主义教育

可以通过开展知识讲座，认识国旗、国歌、国徽与祖国的版图。介绍《中华人民共和国国歌》创作的历史背景，使学生了解国旗与国徽是祖国的象征，国歌是代表中国人民最强音的一支爱国主义战歌。还可以开展丰富多彩的学国史、知国情活动。例如，组织观看历史题材、爱国题材、“中国梦”题材的电影和纪录片；组织爱国主题的征文和演讲比赛；还可以开展系列主题教育活动。例如在三四月份开展学雷锋志愿者服务，在九月份开展尊师重教活动，在十月份开展爱国主义教育活动等。

3. 通过各种社会实践活动，增强爱国体验，萌发爱国之心

参加升国旗仪式，参加国家重大节日庆典等活动，感受中华民族的伟大，祖国的日益富强；观看历史古迹、文物，参观烈士陵园等，了解中国

共产党的历史和光荣传统，感受中国共产党带领我国人民如何进行社会主义国家的建设，热爱党、拥护党，增强对自己祖国的认同感，对国家的未来充满信心。

此外，我们还要引导学生关注国内发生的大事小情，养成读书看报、收看新闻的良好习惯，把自己的志向同中华民族的兴衰荣辱紧紧相连。了解我国的基本国情，明确“两个一百年目标”，理解中国特色社会主义共同理想，认识到当代青少年肩负的历史使命。

名师课例

一年级道德与法治《快乐过新年》

执教者：吉林市昌邑区华强小学　关　蕊

（一）活动一：猜这是什么节日（初步认知我国传统节日）

师：在上课之前我们先来看几张图片，请同学们来猜一猜这是什么节日，你是从哪里看出来的？（课件出示：端午节、中秋节、春节图片）

生：这是端午节。

生：端午节吃粽了。

师：到了端午节时家家户户的门口还会插艾叶，艾叶有驱虫去病的功效。端午节是我国夏季最重要的民间传统节日。

师：这是什么节日？（出示中秋节图片）

生：这是中秋节。从赏月亮和吃月饼上看出来的。

教师：中秋节还有什么习俗？

生：家人团聚。

师：对了，家人团聚也是中秋节的一个习俗。中秋节是人们思念故乡、思念亲人的传统节日，所以又称为团圆节。

师：这是什么节日？你是从哪看出来的？（出示春节的图片）

生：这是春节。春节时吃饺子、放鞭炮、贴对联。

师：春节和端午节、中秋节一样都是我国的传统节日，而春节是我国众多节日当中最隆重、最盛大、最喜庆的节日，今天就让我们一起走进春节，了解春节传统习俗的文化并且一起感受春节带给我们的快乐。（板书课题）

（二）活动二：交流讨论，了解春节习俗（感受习俗背后的意蕴）

师：我们刚刚过完一个春节，请同学们回忆一下过春节时你和家人都做什么了，吃什么了？带照片的同学再讲讲照片里的故事。带着这样几个问题请同学们在小组内互相说一说吧！（教师在黑板上画大门、窗户）

老师随机指导学生小组汇报时所提到的：贴对联、挂灯笼、放爆竹、穿新衣、吃饺子、吃年夜饭、看春晚、收压岁钱，学生参与实际课堂活动。（板书：合家团圆、张灯结彩）

师：谁来说一说你家过年的时候都做什么了？

生：贴对联、挂灯笼。

师：今天有没有准备对联和灯笼的同学？请你们小组一起合作，把它们布置到黑板合适的位置上，好吗？（学生动手布置黑板，参与课堂实践活动）

师：这个春联应该怎么看呀？

生：倒着看，从右到左。

师：这副春联应该从左往右读。读春联应该先看横批。横批是从左往右读的，那么整副春联就是从左往右读的。如果横批是从右往左读，那么整副春联就是从右往左读。下面我们一起来读一读。先读上联：如意吉祥日日顺。再读下联：富贵平安年年好。最后读横批：新春快乐。

师：课前老师布置同学们回家搜集有关春节习俗方面的资料，下面老师也要考考你们了。（指黑板上的装饰）为什么过年时我们要贴对联、挂灯笼、放鞭炮呢？让我们一起来听一听关于年的传说吧！（课件：播放年的传说视频）人们是用什么方式来驱赶年的呀？

生：贴对联、挂灯笼、放鞭炮。

师：因为年害怕红色、光亮和声响，于是人们就用贴对联、挂灯笼、放鞭炮这种方式来驱赶年，渐渐的这种方式就成了过年的一种习俗。这个传说只是有关年的一个神话故事，有关年的传说还有很多，如果同学们感兴趣的话还可以继续回家上网去搜集。

师：放爆竹是我国重要的民俗现象，但是，爆竹易燃易爆、易伤人，还影响空气质量。那么，燃放爆竹的民俗习惯是不是应该禁止呢？请和小组同学讨论一下这个问题。（学生参与小组讨论，汇报观点）

生：应该放，这样才有年味。可以按照规定到时间再放，在允许的地方燃放。

生：不应该禁止，不然过年就不好玩了。燃放的时候可以注意安全，不燃放太多。

师：烟花爆竹的燃放要根据具体情况而定，要遵守所在城市具体的法律法规和要求，要注意自身安全、他人安全、环境安全。

师：你们家过年时还做什么了？吃什么了？

生：吃年夜饭。

师：每年过年的时候家人都会聚在一起吃顿年夜饭。一提到年夜饭我们就会想到一桌子的美味佳肴。说一说今年你家的年夜饭都准备了哪些菜？你最爱吃什么菜？

生：鱼、排骨、饺子……我最爱吃饺子。

师：你们知道吗？我们所吃的年夜饭里很多菜都是有讲究的。比如说鱼，预示着年年有余。排骨预示着节节高升。每道菜都有着吉祥的寓意和美好的祝福。那么一大家子的人坐在一起吃饭，这个时候要注意什么？

生：要注意礼貌。

师：《弟子规》上告诉我们：或饮食，或坐走，长者先，幼者后。也就是要做到长幼有序。你们猜一猜图片上这个人是做什么的？其实他是一个在国外留学的学子。每年过年的时候他都不远万里，跋山涉水回到家中和自己的家人一起团聚，吃上一顿年夜饭。你看他们的家人多开心啊！那么同学们你们家中有没有在外地工作或学习的亲人呢？过年的时候他们有没有回家和你们团聚？

生：我爸爸在外地工作。每年过年的时候他都回来团聚。

师：爸爸回来和你团聚的时候，你是什么心情？尤其是过年的时候。

生：高兴。

师：这也就是为什么我们在过年的时候，一年到头了，全家人要聚在一起吃顿年夜饭的缘故。一方面可以使我们一家人的关系更加地紧密，另一方面也是对未来美好生活的一种向往。

师：我们都知道过年的时候很热闹，其实在春节期间最最热闹的是除夕，除夕是农历一年当中的最后一天，俗称大年三十，它与春节紧紧相连。是人们辞旧迎新的日子（板书：辞旧迎新）。同学们还记不记得在除夕这天晚上不睡觉，等着迎接新年到来敲响的钟声？这也就是我们所说的守岁。等到第二天春节到来的时候人们才出门去拜访亲朋好友，也就是拜年。

（三）活动三：翻开日历找春节（认知日历 了解农历）

师：同学们长了这么大，已经过了好几个春节了，你们知道春节是哪一天吗？让我们一起到日历上去找一找吧！拿出准备好的今年2017年的日历，先自己试着在日历上找一找我们刚刚过完的那个春节，用红色水彩笔把春节圈出来，再和你的同桌交流一下，看看找的对不对，现在开始吧！（课件：出示2017年春节日历）（知道公历与农历的区别即可）

小组汇报：2017年1月28日 农历正月初一 简单介绍认知日历（可出示实物投影展示）

师小结：这是我们今年的春节，在日历上找春节我们要看农历。每年的正月初一被定为春节，春节是农历新年的第一天，因为受我国传统文化的影响，现在亚洲的很多国家都和我们一样过春节，比如越南、韩国、新加坡、马来西亚等等。这也足能看出我国的传统文化在世界上的影响是巨大的。

师：我们每年过春节的时候，仅仅就过这一天吗？当然不是。中国人过春节已有四千多年的历史了，是有着悠久历史的传统佳节（板书：传统）。民间传统意义上的春节是指从腊月初八（俗称腊八）一直到正月十五的元宵节，（课件：传统意义上的春节定义）还有的说法是一直到二月二才算过完年。人们在这么长的一段时间里是怎样迎新春的？春节期间还有哪些习俗呢？让我们来唱一首歌谣，了解一下！（课件：播放歌谣《过了腊八就是年》）

生吟诵：小孩儿小孩儿，你别馋，过了腊八就是年。腊八粥喝几天，噼哩啪啦二十三 。二十三，糖瓜粘，二十四，扫房日，二十五，炸豆腐，二十六，炖羊肉，二十七，宰公鸡，二十八，把面发，二十九，蒸馒头，三十儿晚上闹一宿，大年初一扭一扭。

师：通过歌谣我们知道，人们过春节的习俗还真不少。下面让我们一起来做个小游戏：送小兔子回家。（巩固对春节习俗的了解）（课件：送小兔子回家游戏）在冰天雪地里，小兔子迷路了，你们看，它们正挥手向你们寻求帮助呢！你们愿意帮助它们吗？

学生：愿意。

……

师：小兔子们在同学们的帮助下都回到自己的家中了，现在正在高高兴兴地跟家人过年呢！

（四）活动四：情境体验 大家一起过春节

（了解祖国各地、海外华人、少数民族的春节习俗，感受地区差异 体验春节文化的丰富与多元）

师：同学们你们知道吗？我们的祖国不但在文化方面源远流长，在地域方面更是一个幅员辽阔的大国，所以不同地区、不同民族的人们欢度春节的方式也不大相同。让我们一起来看一看吧！（课件：出示各界过春节视频）（祖国各地、少数民族、海外华人等庆祝活动）

师：看来春节期间各个地方的活动还真不少，同学们看到这里，有什么感受吗？跟大家说说。

生：每个地区的人们过春节的方法都是不太一样的，各有特色。

师总结：春节就是这样一个热闹祥和、万家团圆的节日。是人们对新的一年美好生活的向往和追求，请同学们记住这是中国最重要的传统节日，也是我们传统文化的传承。

课例点评

《快乐过新年》是人教版小学道德与法治教材一年级上册第四单元“天气虽冷有温暖”中的一课，共包含公历新年元旦和农历新年春节两个教学内容。本课教学为后半部分内容“大家一起过春节”。本课侧重反映学生与家人一起过春节的生活，通过贴春联、吃饺子、挂灯笼、放鞭炮等，重点感受汉族的新年习俗。同时了解我国部分少数民族和海外华人的新年习俗。

本课的教学价值在于通过对春节生活的回顾，唤起学生已有的生活经验。感受节日里阖家团聚、张灯结彩、辞旧迎新的节日文化；体验丰富多彩的春节习俗，了解我国传统节日习俗背后的文化意蕴；知道春节是中华民族和全世界华人的重要传统节日，提高对中华优秀传统文化的亲切感和感受力。重点体现了核心素养之国家认同的培养，呈现以下几方面的特点：

1. 教学内容的选择激活传统节日文化价值

传统节日是中华优秀传统文化的组成部分，《快乐过新年》一课是人教版《道德与法治》教材中中华优秀传统文化部分浓墨重彩的一笔。关蕊老师将本课推陈出新，通过知节日来历、晓节日习俗、融合民间传说、民间儿歌、民族音乐等元素将传统文化的种子播撒在学生心田，进一步领略祖国传统文化的丰富多彩，有效地激活了传统节日的文化价值。

2. 教学活动的设计注重激发对传统文化产生兴趣

（1）设计“我的春节生活”的交流讨论活动，挖掘具有丰富内涵的年俗文化。节日里少不了多样的习俗，它们是一种文化符号，反映了不同时代、不同群体过节日的不同方式，而每一种习俗都凝结着人类文化的内涵，积淀了不同群体文化的意义。教学中通过教师的讲解、照片展示、学生的交流讨论，将节日习俗形象化，让学生感受到新春佳节的喜庆气氛，感受到传统节日在人们心中的地位，有利于学生的理解。学生通过活动找到了传统文化的影子，感受到中华优秀传统文化博大精深。从而建立起社会主义核心价值观与中华优秀传统文化相承接的精神链条。

（2）设计“大家一起过春节”的情境体验活动，通过观看视频了解全国各地、少数民族、海外华人是怎样过春节的，感受节日文化的地区差异，体验春节文化的丰富多元。学生在发现各地春节各具特色的同时，也感受到春节是中华儿女心目中最具分量的传统节日，所有同胞在春节里都是幸福满满、喜气洋洋。他们在节日里更加心系祖国发展、心系国家统一，因为繁荣昌盛的祖国是所有华人的强大后盾。

（3）设计“装扮教室”的动手操作活动，通过引导学生回忆自己的春节生活，唤醒以往的生活经验，鼓励学生用自己喜欢和擅长的方式装扮教室，教师也参与其中。教师首先在黑板上画出门和窗的图案，鼓励学生大胆动手写福字、剪窗花、贴对联、挂灯笼，学生仿佛置身于真实生活之中，正以主动、积极的状态迎接新春佳节的到来。重在培养学生的互助合作能力，使其感受体验传统佳节的仪式感，亲身经历传统习俗。

3. 教学资源的开发侧重传统文化的渗透和熏陶

（1）用广东音乐《步步高》做活动的背景音乐烘托节日气氛。《步步高》曲如其名，旋律轻快激昂，给人以奋发上进的积极意义，是一曲颇具特色的广东民乐。音乐响起即刻唤起学生对春节其乐融融的喜庆氛围的回忆，使音乐成为春节的一个文化符号。学生在欣赏经典民乐中提高审美情趣，感受美的熏陶。

（2）用民间儿歌吟诵活动激发学生的学习兴趣，巩固儿童的生活经验。“小孩儿小孩儿，你别馋，过了腊八就是年。腊八粥喝几天，噼哩啪啦二十三……”流传多年的民间儿歌蕴含着丰富的民俗智慧。吟诵起来朗朗上口、生动形象。

（3）引用《弟子规》“或饮食，或坐走，长者先，幼者后”等内容提醒学生遵守春节的基本礼仪要做到长幼有序，丰富学生的生活智慧。

（4）搜集民间传说、民间故事，帮助学生深入理解习俗背后的文化意义。播放《年的传说》视频，学生深入理解发红包、穿新衣、贴对联、挂灯笼、放鞭炮这些春节习俗背后的文化意义，了解很多民间习俗产生的原因是人们趋利避害的心理因素和对美好生活的追求向往。

4. 弘扬中华民族传统文化，还要注意创造性的转化

最好的弘扬是转化：向儿童转化，向时代转化。和时代特点相结合，

和儿童的学习特点相结合。例如：本课在教学传统习俗中涉及烟花爆竹安全管理条例中有关禁放限放烟花爆竹的规定。课堂上，老师组织学生展开讨论：放爆竹是我国重要的民俗现象，但是，爆竹易燃易爆、易伤人，还影响空气质量。那么，燃放爆竹的民俗习惯是不是应该禁止呢？通过开放的话题，互动的交流，学生相互启迪，思考和探究更加积极深入。最终得出结论，烟花爆竹的燃放要根据具体情况而定，要遵守所在城市具体的法律法规和要求，要注意自身安全、他人安全、环境安全。

点评专家：吉林市教育学院　李沫寒

要点十五　国际理解

要点解读

《中国学生发展核心素养》中的国际理解的主要内涵为：具有全球意识和开放的心态，了解人类文明进程和世界发展动态；能尊重世界多元文化的多样性和差异性，积极参与跨文化交流；关注人类面临的全球性挑战，理解人类命运共同体的内涵与价值等。

国际理解素养的提出是基于21世纪人类社会深度全球化和国际化发展的需要，国际理解是一种全球视野，是一种新的认知视角。所谓国际理解，主要表现为个体对于国际动态、多元文化、人类共同命运等方面的关切和认知，以“促使每个人都能够通过对世界的进一步认识来了解自己和了解他人。将事实上的相互依赖变成为有意识的团结互助”。从本质上来讲，国际理解是一个双向的过程，一方面是自己对他国的理解，另一方面是增强他国对自己的认识和了解。两者紧密相关，不可分割。

具体来说，国际理解中“具有全球意识和开放心态”要求个体以开放性的思维去看待周围世界的人和物，能辩证地看待自身和他人，如此才能在与他人相互合作、交流的过程中取长补短，尊重差异，进而与他人进行良好的沟通，形成融洽的人际关系。“了解人类文明的进程和世界发展的动态”旨在避免文化差异所引起的不必要的冲突。“关注人类面临的全球性挑战，理解人类命运共同体的内涵和价值”是通过倡导人类命运共同体的理念，使个体形成正确的国际权力观、共同利益观、可持续发展观和全球治理观，争取建立和谐、安定、持续的国际交流环境。“尊重世界多元文化的多样性和差异性，积极参与跨文化交流”则是培养国际理解素养的前提与重要途径。由此，我们可以厘出国际理解的四个关键词，即：理解、平等、尊重和包容。

根据小学生的年龄、心理特点及认知水平与学习能力，在小学阶段应主要注重学生对国际文化、人类文明、历史地理等基本知识的学习，创造条件、时机与平台让学生体验、参与跨文化交际，在学习与活动中形成理解、包容、尊重的思想品质，初步培养学生的国家观念、全球意识。具体可以通过以下四个方面实施。

1. 通过语言学习，培养国际交往能力

语言是人类沟通的主要方式，要想真正实现国际理解和国际交往，至少要掌握自己的母语和一门外语。在母语的学习中我们要树立“大概念观”，即除了基本的语言知识教学外，教师还要通过语文教学培养学生对本国文化的认同感与自豪感。目前我国比较普及的外语是世界通用语言——英语，那么英语教师就应在英语教学时，更注重加强学生语言综合运用能力的提升，这种提升应基于适时的跨文化意识培养，让学生在语言学习与运用中对本国和异国文化有一个对比了解，使其能够得体运用语言进行国际交流，以此加强学生的国际理解能力和交往能力。

2. 通过专科学习，培养国际理解态度

国际理解态度的培养与形成，需要学生加强历史、地理、道法、科学等学科的学习。如：通过对地理的学习，学生可以看到自己国家与异国不同的地理面貌与风土人情，让学生清楚地认识到，每个国家都有其特有的

自然景观与风俗习惯，使学生树立一种开放、平等的国际理解态度；通过对历史的学习，学生能够了解不同国家的历史发展，初步意识到每个历史都有其存在的必要性，学会以客观的态度看待各国的历史差异，以一种尊重、宽容、谨慎的态度去进行将来的国际交往；通过对道德与法治课的学习，使学生了解当今世界的发展趋势，认清中国在国际社会中的地位，同时对他国的文化、政治、经济制度进行初步的了解，帮助学生树立正确的三观，培养学生言行一致、知行合一等。总之，核心素养指导下的专科教学与国际理解态度的培养都有契合点，所以教师要将国际理解有效融合在各自的学科教学中。

3. 通过社会实践，提升国际理解素养

学生作为一个生命性的个体，社会生活是其教育生活的前提基础，国际理解素养的培育亦不能离开社会大环境。与此同时，社会亦能为学生国际理解素养的培育提供丰富的资源与素材。因此，学校可以与社区和相关部门联合，组织学生参加社会实践活动，如：让学生参与对国际重要节日或纪念日的宣传，让学生树立“共同体”“地球村”意识；通过走进社区，保护环境、参观等实践活动，提升学生的社会责任感、集体荣誉感，感受与动物、与环境和谐共存的美好，培养学生的共存意识等。总之，可以通过各种丰富多彩的活动让学生将课堂学到的相关知识有机会运用到社会实践中去，并通过社会实践丰富自身的知识储备，切实促进学生国际理解素养的提升。

4. 融合家庭教育，加强国际理解培育

无论何种素养的培育与形成都必须依赖于家、校、社会的合力。家庭是学生接受教育的第一场所，也是强化教育的最重要场所，所以我们经常说“家长是学生的第一任教师”。家长的见识、学识与素养在学生的国际理解培育中具有不可替代的重要作用。基于此，作为家长应该转变教育理念，从仅强调分数的桎梏中走出来，创造和谐的家庭氛围，树立正确的家风和价值观，重视孩子综合素养的培育，并根据自身实际情况为学生提供

提升国际理解素养的条件，与学校教育紧密融合，成为学校教育的坚实后盾。

名师课例

五年级英语《My school calendar》

执教者：吉林市船营区第四小学校　吕姝春

（一）Warm up（热身）

T：There are so many festivals in a year. What are they?

S1：New Year's Day.

S2：Spring Festival.

S3：Tree Planting Day.

S4：May Day.

S5：Mother's Day.

S6：Children's Day.

S7：Father's Day.

S8：Teachers' Day.

S9：China's National Day.

S10：Thanksgiving Day.

S11：Christmas…

（二）Lead in（导入）

T：Good job，you know so many festivals. As we know? western people usually have holidays and parties for some special days. If you have the party，how can you invite your friends?

S1：I can make a card.

T：Yes，and you can give it to your friends.

S2：I can write a letter.

T：Good，but it's a slow way.

S3：I can call him.

T：Good idea.

S4：I can write an email.

T：Quite good. For western people，they like writing invitations and writing invitations is a formal way. Please think：What should we write on an invitation?（学生小组讨论请柬上该书写的内容。）What's your answer?

S1：Address.

S2：Time.

S3：What.

S4：Telephone number.

（三）Presentation（新知呈现）

Step 1

T：Now I'll show you Wu Yifan's invitation. Let's see if you are right. Please read quickly. Try to tell me the key words.

S1：When.

S2：Why.

S3：Where.

S4：What.（师板书 WHEN WHY WHERE WHAT）

T：How about this one?（激光笔指向 PPT 中的 RSVP）Do you know RSVP? Read the sentence again and guess what the meaning is.（激光笔指向 PPT 中的 Will you come to the party? Please send me an email）

T："Will you come to the party? Please tell me." Can you guess the meaning of RSVP?

Ss：RSVP means 回复.

T：Yes，it means reply.（板书 RSVP）RSVP is a short form，if you see RSVP on the invitation，you must reply on time.（PPT 中 WHEN WHY WHERE WHAT RSVP 用红色呈现，突出请柬书写的框架结构）

Step 2

T：Let's read the invitation again. Let's see ① Why will they have the party? ② Where is the party? ③ When is the party?（学生读文，找到答案）

T：Can you tell me why?

S1：Easter holiday.

T：Yes，because of Easter holiday. They will have an Easter party.（板书请柬题目 Easter Party）

T：Where?

S2：At Wu Yifan's home.

T：When?

S3：April 12th 7pm.

T：Is April 12th Easter day?

Ss：No.

T：Good. April 12th is the party's date. When is Easter?

S4：It's in April.

T：Yes，it's usually in April. Easter is the Christian holiday. People remember the death and resurrection of Jesus. It is the first Sunday following the full – moon after spring equinox.（PPT 上用中文呈现如下内容：复活节是基督教纪念耶稣复活的日子，时间为每年春分后见到圆月的第一个星期日）So the date of Easter is different every year. When is Easter this year?

Ss：April 1st.

Step 3

T：Easter is very important for western people. During the holidays，people play many games. I'll show you a video about it.（播放有关复活节由来及复活节主要活动的视频）

Step 4

T：Easter is very important and also very interesting. People do many fun things. What are the fun things? Look at the pictures，try to match the phrases to the pictures.（PPT 上呈现 1 play many games 2 roll Easter eggs 3 look for eggs

4 eat chocolate eggs 5meet the Easter Bunny 及相关图片）（学生合作完成词组与图片对应）

T：Who can report?

S1：No. 1 – A.

S2：No. 2 – E.

T：Can you do the action?（学生做出滚彩蛋的动作）

S3：No. 3 – B.

T：The eggs are in the grass and the boy is looking for them.

S4：No. 4 – D.

T：The girl is eating.

S5：No. 5 – C.

T：You can see a rabbit. It's the Easter Bunny. Bunny is a little rabbit. It's a symbol of Easter.

Step 5

T：Can you read these phrases? Please study in groups.

（学生合作借助已有知识经验学会词组的正确发音）

Step 6

T：We know something about Easter. Now can you introduce Easter in English? You can say like this：Easter is in/on…. We will…（PPT 呈现该句型及五个动词短语）

S1：Easter is in April. We will play many games. We will roll Easter eggs. We will look for eggs. We will eat chocolate eggs. We will meet the Easter Bunny.

Step 7

T：Read the invitation again, if you have some questions, you can ask me.

T：Do you have any questions about the invitation?

Ss：No.

T：No? I have a sentence. Can you help me?（PPT 上呈现句子 Please send me an email at robin@ helpsu. cn by March 23rd）

T：Do you know robin@ helpsu. cn? What is it?

Ss：It's the e－mail address.

T：Do you know "by March 23rd"？Look here，this is the calendar. Can I send an email after March 23rd？（日历上 24－31 日呈现红色叉）

Ss：No.

T：Can I send an e－mail before March 23rd？（日历上 1－23 日呈现红色对号）

Ss：Yes.

T：So by March 23rd means？

S1：截止到 3 月 23 日。

（四）Consolidation（巩固）

T：Please read the invitation again，I'll see if you understand well.

（PPT 呈现四个判断题）

1.（　　）The Easter party is on March 23rd.

2.（　　）The party will start at 7pm.

3.（　　）You'll play ping－pong at the party.

4.（　　）You'll eat a birthday cake at the party.

T：No. 1.

S1：Cross.

T：When is the party？

Ss：It's on April 12th.

T：No. 2.

S2：Tick.

T：No. 3.

S3：Cross. Not " play ping－pong"，but " play many games".

T：No. 4.

S4：Cross.

T：It's not a birthday party. It's an Easter party，so surely no birthday cakes.

（五）Extension（拓展运用）

Step 1

T：Now, we know how to write an invitation. First what party? When? Why? Where? What? and RSVP. So remember 4 "wh" and RSVP.（再次明晰请柬基本框架）

Step 2

T：Now you can choose the festival you like and write your own invitation. Before your writing, look here. I have two invitations, which one do you like?

Ss：No. 1.

T：Yes. No. 1, good handwriting. No. 2, poor handwriting. So write like No. 1, OK? I'll give you 5 minutes to finish your invitation. If you need help, please look at the word bank or just call me.（学生书写自己的请柬）

Step 3

T：Who'd like to show us your invitation?（学生展示并介绍自己的请柬作品）

S1：We will have a Christmas party. It's on December 25th, 6 pm. At Tao Lijia's home. We will sing and dance. We will eat some candies. We will make a snowman. We will eat a bit dinner. Will you come to the party?

T：Do you want to play with her? If you want, you can rise up your hand. You can give your invitation to the person you want.

T：You are great. Boys and girls, now you can send your invitations to the teachers and friends you want.

（六）Homework（作业）

T：You are very good today. Today's homework for you.

Introduce Easter to your parents in English.

Write three sentences on your book, P29.

Design an invitation for your birthday party and send it to your friends.

T：OK, class is over. Goodbye, boys and girls.

课例点评

本课是PEP小学英语五年级下册第三单元“My school calendar”的阅读教学课。本课是在学生已经能够在情景中运用句型“When is the…?”“It's in…”就某个活动在哪个月份进行问答的基础上进行的综合语用训练。本课常规的基本教学目标是学生能够在图片的帮助下读懂请柬，完成读后句子正误判断活动；能够参考例词，写出含有核心句型的三个句子；了解西方复活节的文化知识。由于文本中涉及到了西方复活节的文化，这是培养学生跨文化意识和交际能力的最好契机。因此，教师从广义教学的角度出发进行教学设计和实施，突显了对学生国际理解素养的培养。

1. 丰富课程资源，培养学生的国际理解素养

教材是重要的也是最基本的课程资源，但课程资源绝不仅限于教材。对于教师来说，不断丰富课程资源，可以使学生学习的内容变得丰富多彩，凡是能让学生获得信息、经验、感受等的载体与渠道都可以成为学生的学习资源。同时，教学过程也不再是一个照本宣科的过程，而是利用学生的经验、感受、困惑成为教学过程的生长点，引导学生将书本知识转化为学习经验和实践能力。

本课教学中，教师从以下两点丰富了课程资源：

（1）有效利用视频资源。

教师基于文本中提供的简单信息，将复活节的相关知识以直观性强的视频方式引入，视频内容不仅包含了本课文本中提到的节日活动，还有复活节其他重要活动的双语呈现，使得学生在很容易理解本课重点知识的同时，也实现了知识的有效拓展。

（2）充分挖掘文本价值。

本课的文本是一封请柬，从表面看本课的内容是让学生能够将本单元所学的语言知识进行巩固与综合运用，但教师准确地把握了核心素养中国际理解的要求，将本课的教学目标提升到“明晰请柬书写要素和正确书写请柬”的能力高度去设计，让学生以文本中复活节请柬为例，学会一种文

体的正确表达方式，并通过设计、制作、发送自己的请柬等活动让学生积极参与跨文化交流。做到了把国际理解素养的培育从书本里、课堂中引向了五彩缤纷的生活世界，让学生更直观、显性地了解到世界多元文化的多样性和差异性。

2. 实施实践活动，培养学生的国际理解素养

学科知识是核心素养形成的主要载体，学科活动则是核心素养形成的主要路径。能力只有在需要能力的活动中才能得到培养，素养只有在需要素养的活动中才能得到形成。本课教学中，教师运用实践性英语活动具体实施国际理解素养培养。

（1）有效利用直接经验。

在本课学习中，学生的直接经验是掌握了询问活动时间需要的句型、十二个月的英文单词和重要节日的时间表达法。在热身复习环节，教师通过与学生交流“你都知道哪些节日?”唤醒学生已有的直接经验，帮助学生将与本课相关的直接经验串联起来，形成知识链，为最后学生选择自己喜欢的节日制作请柬的活动做好了有效的铺垫。在此，也给教师提个建议，在交流的过程中，适当询问学生所记起的节日日期，并进行完整表达，能将本单元的语言知识更好地综合运用，同时也更符合五年级学生该具备的表达水平。此外，教师在引导学生明确本课主题“请柬”时，通过问题“你觉得在请柬中应该书写哪些信息?”让学生首先利用自己母语的直接经验进行尝试探究，再利用本课的文本进行验证、修正，将中外文化进行了自然的迁移、对比、了解至最终的掌握、运用，将国际理解素养的培养孕于无形。

（2）强调互动合作参与。

“纸上得来终觉浅，绝知此事要躬行。”在培育学生国际理解素养中，仅仅凭借文本提供的简单语句篇章只能让学生理解和领会他国知识，很难明白知识背后的实际意义，也很难达到对知识本质的认识。本课教学中，教师不是将复活节活动的句子让学生简单地自读翻译理解，而是首先借助复活节介绍的视频，用学生最喜爱的、直观的方式调动学生的视觉、听

觉，联系感官之间的感觉，用心灵去感悟复活节相关的知识。这样不仅仅使学生理解了文本中涉猎到的活动，也进行了更多的文化拓展。而后通过生生合作，让学生利用已有的语音知识主动达成正确朗读有关复活节活动句子的目标；再通过引导学生进行复活节基本知识的介绍，将异国文化进行了有效的内化。学生在这些互动合作参与中主动体验、理解、尝试、交流，学生的国际理解素养在学生主动、完整的参与中得到培养。

（3）重视“用英语做事情”。

语言只有通过交际才能习得，国际理解素养的培养更需要通过交际来实现。英语课程目标中的重要一点就是让学生学会“用英语做事情”。在本课的教学中，教师没有将学生最终的能力目标设定为教材中提供的“写出三句生日聚会时做的事情”，而是设定为学生能够仿照本课文本设计制作聚会请柬。在教学最后的拓展环节，给学生提供了大量的时间进行亲身实践。在实践的过程中不但让学生明晰了书写的标准，更体现了强烈的思维和实践主体意识，让学生充分体验了“得体使用语言”的成功喜悦，自然地实现了知识的边学边用、边用边学。这种把学习过程融入知识运用过程的方式，更有助于学生将本节课的跨文化学习与交际转化为自身的国际理解素养。

综上所述，本课立足于国际理解素养的“大教学”观，将宏观的国际理解素养培育与微观的英语课堂教学有效融合，切入点准确，契合点有效，学生主体性、思维性、独立性体现突出，真正有效地实现了对学生国际理解素养的培养。

点评专家：吉林市船营区教师进修学校　闫晓颖

专题六◆实践创新

《中国学生发展核心素养》将实践创新列为六大核心素养之一，体现了素质教育的核心要求，它是检验和评价教育质量的重要依据。

实践创新主要是指学生在日常活动、问题解决、适应挑战等方面所形成的实践能力、创新意识和行为表现。具体包括劳动意识、问题解决、技术应用等基本要点。

要点十六　劳动意识

要点解读

劳动意识是当代中国学生发展核心素养的一个不可或缺的素养，它是一个学生全面发展、全人成长的必要条件和必然要求。劳动意识的主要内涵：形成尊重劳动、热爱劳动、劳动光荣等积极的劳动价值观；养成良好的劳动习惯；具有动手操作能力，掌握一定的劳动技能；在主动参加的家务劳动、生产劳动、公益活动和社会实践中，具有改进和创新劳动方式、提高劳动效率的意识；具有通过诚实合法劳动创造成功生活的意识和行动等。

习总书记在全国教育大会上发表的重要讲话中指出："要努力构建德、智、体、美、劳全面培养的教育体系，要在学生中弘扬劳动精神，教育引导学生崇尚劳动、尊重劳动，懂得劳动最光荣、劳动最崇高、劳动最伟大、劳动最美丽的道理，长人后能够辛勤劳动、诚实劳动、创造性劳动。"习总书记对劳动教育的深刻阐释，充分体现了劳动教育的重要地位。然而，我国当前的劳动教育是缺失的，劳动教育在学校中被弱化，在家庭中被软化，在社会中被淡化。中小学生劳动机会很少、劳动意识缺乏，出现了一些学生轻视劳动、不会劳动、不珍惜劳动成果的现象等。我国特殊的"六对一"家庭结构模式，长辈们对子女的过分溺爱，家长们包办学生的所有事物，长此以往，让学生养成了衣来伸手饭来张口的习惯。

那么，如何培养学生的劳动意识呢？

1. 通过学校劳动，培养学生的劳动意识

(1) 广泛开展校内劳动，培养学生积极的劳动态度。

组织学生参与班级值日、校园清洁、校园绿化、校园美化等劳动；开

辟专门区域作为劳动基地，种植花草树木或农作物，让学生认领绿植或"责任田"，农村学校也可以适当开展养殖活动；开展与劳动有关的兴趣小组、社团、俱乐部活动，进行手工制作、班务整理、室内装饰、勤工俭学等实践活动；组织以劳动教育为主题的班团队会、劳动竞赛、手工劳技展演等，培养学生积极的劳动态度。

（2）充分利用课堂教学，提高学生的劳动技能。

劳动技术教育是使学生初步掌握基本的劳动技术和技能，培养学生正确的劳动观点，形成良好的劳动习惯的教育。课堂上可让学生参加一些劳动实践，在劳动中学得一技之长。例如可以设计包饺子、扎灯笼、编制中国结、做风筝、剪窗花、做贺卡、包粽子、做月饼等动手制作的活动；也可以进行插花、种植、养殖、缝纫、家电维修、木工等劳动技术培训，使学生们掌握一些基本的劳动技术，提高学生的劳动技能。

2. 通过家庭劳动，培养学生的劳动意识

（1）完成自我服务劳动，培养学生良好的劳动习惯。

自我服务劳动是人生存、生活必须具备的基本技能。自我服务劳动有利于培养学生独立生活和动手实践能力，是生活教育和劳动教育的基础。苏霍姆林斯基认为："自我服务是一种最简单的日常劳动，劳动教育一般都从自我服务劳动开始。"因此要鼓励学生自己的事情自己做，从而培养学生良好的劳动习惯。

（2）分担家务劳动，提高学生的动手操作能力。

家务劳动是指家庭日常生活中带有事务性的劳动，是每个家庭成员都应尽力分担的义务。主动分担家务劳动有利于学生的身心健康、有利于形成勤劳勤俭的品格。如：低年级学生学会铺床、叠被、刷洗碗筷、烧开水和给饭菜加热等。高年级学生能有条理地摆设室内物品，会安全使用厨房用具，会择菜、洗菜、淘米、做饭，会晒被褥、洗衣物等。通过承担家务劳动培养学生的劳动习惯，提高学生的动手操作能力。

3. 通过社会劳动，培养学生的劳动意识

（1）参与社会公益劳动，培养学生劳动光荣、劳动快乐的情感。

公益劳动是不计报酬、不谋私利、不斤斤计较的劳动，公益劳动不仅可以使学生掌握劳动技能、树立正确的劳动观念，而且还能激发学生关心公共事业的热情、增强学生的劳动光荣感、塑造学生的美好心灵，等等。例如：利用课余时间，组织学生到社区植树、为小区的花坛栽花；利用社团活动时间，组织学生擦拭社区内的宣传栏、清理楼道里的小广告；利用少先队活动日，去敬老院或福利院为老人或残疾儿童做个人清洁、打扫环境卫生；等等。这种公益劳动能让学生感受到劳动光荣、体会劳动的快乐。

（2）参加职业体验劳动，提高学生劳动创造成功生活的意识。

职业体验指学生在实际工作岗位上或模拟情境中见习、实习，体验职业角色的过程。职业体验劳动既能培养学生的职业兴趣，形成正确的劳动观念和人生志向，也能够让学生感受到劳动的艰辛和愉悦。一方面学校可以利用家长资源，把各行各业的家长，如茶艺师、银行职员、记者、厨师、导游、交警等请到学校，为学生讲解某种职业的特点及劳动内容。然后，让学生们在课堂上进行泡茶、点钞、采访、做面点做菜、介绍景点、指挥交通等职业体验。另一方面，让学生到家长的工作岗位上去，观察体验他们的职业劳动过程，如去超市观察店员售货、去消防队看消防队员演练、去街道看环卫工人清扫街道等，然后再让学生亲自体验。这样的职业体验劳动，有利于学生劳动习惯、劳动意识的培养，提高劳动创造成功生活的意识。

名师课例

六年级综合实践活动《粽叶飘香话端午——包粽子》

执教者：吉林市船营松江实验学校　田宏艳

（一）回顾分享

师：同学们，最近一段时间我们以《粽叶飘香话端午》为主题，开展了一次综合实践活动，你们利用多种学习方式收集到大量关于端午节的相关信息，从而对这个有着2000多年悠久历史的传统节日有了更深入的认识和了解。下面就让我们共同回顾和分享它的相关知识。

师：哪个小组愿意来讲一讲端午节的来历?

生："端"字有"初始"的意思，因此"端五"就是"初五"。而按照历法，五月正是"午"月，因此"端五"也就渐渐变成了"端午"。端午又名端五、重五、端阳、中天等。

生：我还知道一个端午节的传说，那就是"屈原投江的故事"。公元前278年，秦军攻破楚国京都，屈原眼看自己的祖国被侵略，心如刀割，于五月五日，在写下了绝笔作《怀沙》之后，抱石投汨罗江身死。传说屈原死后，楚国百姓哀痛异常，纷纷涌到汨罗江边去凭吊屈原。渔夫们划起船只，在江上来回打捞他的尸体，后来人们为寄托哀思，荡舟江上，就发展成现在的龙舟竞赛。

师：（评价）讲得真生动，语言流畅，非常完美。还有补充吗?

生：除此之外，我还知道其他的关于端午节的几个传说：有孝女曹娥的故事、有龙图腾的民间传说，还有纪念爱国人士伍子胥的说法。看来关于端午节的传说故事真是多种多样，处处都蕴含着我们中华民族悠久的历史文化底蕴。

师：讲得太棒了！通过这个小组的讲解，使我们再一次走进了端午节这个神奇的节日。那么端午节还有哪些习俗呢？哪个小组愿意再为我们讲一讲?

生：我知道端午节的习俗有：吃粽子、赛龙舟、挂荷包、拴五彩线等，其中赛龙舟是端午节的主要习俗。大家请看，这是我们小组搜集到的关于赛龙舟的图片（出示课件）。传说屈原死后，楚国百姓哀痛异常，纷纷涌到汨罗江边去凭吊屈原。渔夫们划起船只，在江上来回打捞他的尸体。他们争先恐后，追至洞庭湖时不见踪迹。之后每年五月五日划龙舟以纪念。借划龙舟驱散江中之鱼，以免鱼吃掉屈原的身体。赛龙舟的习俗盛行于吴国、楚国、越国，现在赛龙舟已经成为重要的体育项目之一。

生：我再来补充，除了赛龙舟，吃粽子也是端午节重要的习俗之一。到了晋代，粽子被正式定为端午节的重要食品。端午节不仅有吃粽子的习俗还有插艾蒿的传统。看！（出示课件）这就是人们在端午节插艾蒿的情景，这个艾蒿有一定的防病功效，所以古人也把端午节称为卫生节。

师：精彩，还有补充吗？

生：我再来说一说端午节吃蛋的习俗。端午节除了吃粽子，还有一点也必不可少，那就是吃鸡蛋。传说在端午节那天，瘟神祸害人间的小孩，女娲知道了，便去和瘟神说："只要是我的孩子，就不允许你伤害。"瘟神知道女娲法力无边，就问："不知道娘娘在凡间有几个孩子？"女娲笑一笑说："我的孩子有很多，这样吧，我在每年端午节那天，命令他们在身上挂一只蛋袋，只要是有蛋袋的孩子就不允许你伤害。"端午节到了，瘟神又到凡间，他看见每个孩子的身上都有一只蛋袋，所以就不敢再动手害人了。这样，在端午节那天吃蛋的习俗就流传下来了。

生：我再来补充，端午节还有挂荷包、五彩线的习俗……中国古代崇拜五色，以五色为吉祥色。戴五色丝线的儿童可以避开蛇、蝎等毒虫的伤害。将五色丝线丢入河中，意味着让河水冲走瘟疫、疾病，儿童由此可保安康。

师小结：通过这几个小组的讲解，使我们深深感受到中华民族传统文化的博大精深。

（二）新课展示

1. 情趣导入

师：在这众多的习俗中，包粽子、吃粽子，是端午节必不可少的活动。今天，老师就带领大家一起来学一学包粽子，去感受劳动给我们带来的快乐（出示课题）。说到这个小小的粽子，它有着几千年的悠久历史，本身又蕴含着非常丰富、厚重的文化。同学们，你们知道粽子的由来吗？

生：（屈原爱国投江的故事）（出示课件）我呀，通过在网上的学习，知道了粽子的由来。在公元前 278 年，楚国大夫屈原面临着亡国之痛，他在五月五日那天，怀着满腔的悲愤之情，怀抱着一块大石头跳进了汨罗江，在人们得知屈原大夫投江之后，十分悲伤，为了不让鱼虾去吃屈原大夫的尸体，人们把食物放在竹筒里，再投入江中，这就是最早的竹筒粽。

我还收集到，据史料记载啊，在汉代的时候，屈原托梦给了一位商人说“你们投放的食物都被蛟龙给偷了，如果把食物放在艾叶里包好，用五色丝绳系牢，蛟龙怕这两样东西，就不敢来偷了。”人们就按照这种方法做出了最早的粽子，世代相传，到了现在成了众人皆知的粽子。

师：（评价）讲得太棒了，老师发现这位同学很善于自主学习，并愿意与大家分享，通过分享把学习到的知识传递给每个同学。好样的，把掌声送给他。

师小结：粽子就是为了纪念这位楚国大夫屈原的，屈原不仅是一位爱国人士，更是一位著名诗人。他曾经写下了许多千古佳句，其中老师最喜欢、最欣赏的是这一句：“路漫漫其修远兮，吾将上下而求索”，非常有气势。看来这小小的粽子传承的不仅仅是一种情怀，更沉淀着一种精神，那就是伟大的爱国主义精神。

2. 学习新知

师：孩子们，你吃过或看见过什么样的粽子呢？

生：腊肉粽子。

生：豆沙粽子。

生：蜜枣粽子。

生：虾仁粽子。

生：我曾经吃过排骨粽子，在电视上还看见过猪腿粽子。

师：的确，粽子根据口味可分为甜粽和咸粽。像这样，用大枣、水果、豆沙包的粽子，我们就可以称它为“甜粽”；像这样用火腿、鸡蛋、肉松、虾仁包的粽子称为“咸粽”。南方人一般喜欢吃咸粽，而北方人则喜欢吃甜粽。我们还可以根据外形特点将粽子分为三角粽、四角粽、枕头粽、圆棒粽等等。（出示课件）

师：包粽子的粽叶也很讲究，因地而宜。比如说南方盛产竹叶，所以愿意用竹叶来包粽子，而北方就愿意用苇叶包粽子，用的叶子不同，口味也就不同，可见粽子有甜有咸，有荤有素，花色品种繁多。

师：古往今来，有许多文人墨客，用自己的笔墨赞美过这个小小的粽子。苏东坡就曾经写过这样一句话：“时于粽里见杨梅。”还有唐代诗人姚合“渚闹渔歌响，风和角粽香”这样的佳句。宋代的时候，出现了用粽子堆砌成的亭台楼阁，车、牛、马等艺术品，在2000年南宁旅游美食节上出现了一个非常有特点的粽子，想看看吗？

学生齐答：想。（出示课件）

师：这就是世界上最大的粽子，已经被载入了吉尼斯世界纪录。据说这个粽子连包带煮花了六天的时间，在搬运的时候要用到起重机，可见这个情景非常的壮观。知道了最大的，我们还要知道最小的。这就是在上海城隍庙一带出现的最小粽子，它的大小只有我们手指这么大，就像艺术品一样，让人爱不释手。

师：了解了粽子的相关知识，那么同学们，你们知道粽子是怎样包的吗？

生：我给大家讲一讲在家和姥姥一起包粽子的情景，包粽子有意思极了，特别是我学会了一个生活本领。（出示课件）

师：掌声送给她，和我们一起分享了和姥姥包粽子的情景，又说出了自己劳动后的一些体会。那么大家想不想也亲手包一包粽子？今天老师有幸请来我校包粽子的能手李老师，请她现场为我们演示如何包粽子。

3. 示范引领（双师同堂）

（1）认识粽叶正反面，光滑一面是正面，粗糙一面是反面。

（2）把粽叶做成漏斗的形状，漏斗底部不要出现小孔。

（3）装糯米、大枣、葡萄干，漏斗深度的三分之二放满米。

（4）捆粽子，系紧，系活扣方便吃。

师小结：我们再来一起回顾一下包粽子的过程（折、装、压、包、系），下面就让我们一起动手包粽子吧。

4. 动手实践

将学生分成6～7个人的小组，以便于学生在操作中互相检查、互相纠正、以快带慢，达到共同提高的目的。（出示课件）

5. 成果展示

生：同学们纷纷举起自己手中的粽子展示给大家。

6. 劳动感受

师：通过自己亲手制作粽子，同学们一定会有不同的感受，谁愿意讲一讲?

生：第一次包粽子，尽管觉得包得不太好，但很兴奋。

生：包粽子挺难的，不由得想到自己的父母，每天都要为我们准备可口的饭菜，一定很辛苦。

生：觉得包粽子时，大家互相帮忙，才能把粽子包好。

生：我感到包粽子特别有意思，劳动给我带来快乐。

师小结：在包粽子的过程中，我们都有不同的感受，特别体验到父母在平日里对我们照顾的不易。因此，老师在这里有一个小小的建议，在端午节到来之际，动手为你们的父母包一次粽子，让他们品尝你们的劳动成果，分享你们的劳动快乐。

师：孩子们，其实你们包的粽子无论好坏，只要你们动手参与了，实践了，去做了，在老师眼中你们就是最棒的。现在就让我们一起举起手中的劳动成果，大大地为自己点个赞吧!

（三）教师总结

师：通过本节课的学习，我们了解了端午节的历史文化，学会了包粽子这种劳动技能，感受到了劳动带来的快乐，体验到了成功的喜悦。老师希望大家在今后的学习活动中能做得更出色，更精彩。

课例点评

综合实践活动课程是从学生的真实生活和发展需要出发，从生活情境中发现问题，转化为活动主题，通过探究、服务、制作、体验等方式，培养学生综合素质的跨学科实践性课程。它是学生素质教育的主阵地，是培养学生核心素养不可或缺的综合课程。

本课《粽叶飘香话端午》是根据学校、学生特点自主开发的综合实践活动主题，其《包粽子》一课以劳动技术教育为主要教育目标，通过制作粽子的过程培养学生的劳动习惯，提高学生的动手操作能力，使学生掌握一定的劳动技能，从而让学生体会到劳动带来的快乐。本节课重点体现了核心素养之劳动意识的培养，具有以下几个特点：

1. 内容选择——激发学生的劳动兴趣

劳动兴趣在劳动教育中具有重大意义，它能更好地促进学生的全面发展。在劳动教育中有效地培养学生的劳动兴趣，可以起到事半功倍的效果。作为中国传统节日中民俗内涵最为丰富的端午节，它具有独特的文化韵致和深厚的人文底蕴，在中国传统节庆文化中占有极其重要的地位。因此，教师在综合实践活动课上选择了《粽叶飘香话端午——包粽子》一课，旨在通过对传统节日——端午节的探究，了解端午节的文化历史，研习传统文化，通过包粽子激发学生对劳动的热情和兴趣。

课上，学生们讲解了粽子的历史文化，例如：粽子的来历、粽子的种类、粽子的口味、粽子的形状、最大和最小的粽子等，厚重的历史文化，引起了学生极大的兴趣，学生们个个摩拳擦掌、跃跃欲试，都想在包粽子时大显身手，学生的劳动兴趣被充分地调动起来。

2. 动手操作——培养学生的劳动技能

劳动技术教育是综合实践活动课程中四大指定领域之一，是以学生获得积极劳动体验，形成良好技术素养为主要目标，且以操作性学习为主要特征的学习领域。劳动技术教育强调学生劳动观念、劳动态度、劳动习惯的养成，以关注学生发展为本，以劳树德、以劳增智、以劳健体、以劳益美、以劳促创新的多方面的功能实现。

课前，教师预留前置作业——准备包粽子的材料。为了完成作业，同学们到超市把需要的材料买回来，回到家里又亲自泡糯米、泡粽叶、洗枣、剪系绳等。课上，学生按照教师讲解的方法亲手包粽子，先把粽叶卷成漏斗形，然后装米，再用叶子把米包好，最后用线把粽子紧紧地系牢。课后，教师让学生们把自己亲手包好的粽子煮熟，送给爸爸妈妈。这节课的课前、课中、课后都有劳动体验，每个人都参与到了劳动之中，充分体现老师对学生劳动态度、劳动习惯以及劳动技能的培养。

3. 分工合作——提高学生的劳动效率

合作学习是课堂教学中充分发挥学生主体作用的一种有效的学习方式，也是引导学生主动学习的重要途径。学生在交流端午节的文化历史时，各学习小组汇报自己的学习成果。端午节由来小组的同学讲了几个传说故事，有的说是为了纪念屈原，有的说是为了纪念伍子胥，有的说是为了纪念曹娥等；端午节习俗小组的学生们分别介绍了吃粽子、赛龙舟、插艾蒿、挂荷包、戴五彩线、吃蛋等习俗。他们有分工、有合作，课前做好了充分的准备，课堂上交流的内容丰富多彩，交流的形式多种多样，没有重复，没有叠加，节省了课堂时间，提高了学习效率。

学生在学习包粽子的过程中也有分工合作，他们每六七个人分成一个小组，有的学生把粽叶做成漏斗的形状、有的学生装糯米、有的学生系绳等，他们分工明确，各尽职责，高效地完成了劳动任务，提高了劳动效率。

4. 教学评价——营造劳动光荣的氛围

综合实践活动的评价与其他学科的评价相比有着本质的区别，在以往的课堂评价中，教师往往注重的是学生的学习效果，评价学生最后的成果如何，这种评价是重结果轻过程的评价，是片面的、狭隘的，不利于学生的健康成长。学生是一个个灵动的生命，他们的知识背景不同，情感态度不同，可评价的因素有很多，而综合实践活动的教学评价是多元的，如劳动的态度与习惯，与人合作的精神，探究与创新能力等都是教学评价的元素。田老师在这节课中对学生进行了全方位的评价，例如：教师就对学生在课前购物、泡米、煮粽叶等准备工作给予了充分的肯定。在包粽子的过程中，老师亲自到每个学生的面前进行指导，给予每个同学鼓励、赞美的评价，教师的评价让学生感受到劳动是快乐的，劳动是光荣的。

本节课教学目标明确，教学设计简单明晰，教学重点突出。教师给予了学生充分的时间，35 分钟课堂，11 分钟让学生交流分享，20 分钟让学生动手操作，老师短短的话语只是起到了引导的作用，充分体现了学生是课堂的主人，教师只是参与者和引导者。学生在劳动的过程中，掌握了一定的劳动技能、体会到了劳动给自己带来的幸福快乐。

总之，本节课学生兴趣盎然，互相合作，积极探索，并且劳动贯穿整个课堂始终，培养了学生劳动意识这一核心素养。

点评专家：吉林市船营区教师进修学校　李桂琴

要点十七　问题解决

要点解读

要理解学生发展核心素养中的“问题解决”，首先应该弄清楚两个概念，即：问题到底指什么？何为“问题解决”？问题是一个对人具有智力挑战特征的、没有现成的方法、程序或算法的未解决的情境，这使学生在学习上处于一种想要弄清楚或力图说明但又不能达到目的的愤悱状态。它反映了主体现有水平与客观需要之间的矛盾。而“问题解决”是当学生置身于某种具体情境当中，在已有知识经验与行动目标之间出现空缺时，根据问题的给定条件，主动采取一定的转换方法克服障碍最终达到目标，使问题最终得以解决的过程。

核心素养背景下再次提出“问题解决”概念，这不是一个新概念，而是在素质教育发展新时期的再次强调，突出“问题解决”就是要在社会参与中落实学生实践创新素养与问题解决能力培养。在小学数学学习中，问题解决的重点具体表现在：学生能够善于发现和提出问题，有解决问题的兴趣和热情；能依据特定情境和具体条件，选择制订合理的解决方案；具有在复杂环境中行动的能力等。最终要使学生初步学会从数学的角度提出问题、理解问题，并能综合运用所学的知识和技能解决问题，形成解决问题的一些基本策略，发展学生的应用意识与创新精神。

那么，如何培养学生的问题意识，让学生具备“问题解决”的核心素养呢？

1. 增强问题意识，培养学生发现、提出问题的能力

亚里士多德认为：“思维自疑问和惊奇开始。”一切探究源自问题，学生是否具有发现问题、提出问题的能力将直接影响到科学探究的真正开展。学生有了问题，思维才有方向和动力。学生提出问题，这是“问题解决”教学的重要组成部分。学校的教学活动是以学生为主体的探索性活动，是激发学生学习欲望、创造精神和开发学习潜能的过程。而让学生自主发现问题、提出问题，在很大程度上会调动学生学习的积极性、主动性和创造性，促进学生主动、和谐、全面的发展。因此，课堂上教师要善于通过设疑来唤起学生积极的思维状态，给学生机会自主发现和提出问题，再通过释疑、解决问题等环节，促进学生掌握知识、开发智力，形成良好的思考习惯。

如：东北师范大学史宁中教授提出：“数学教育的最终目标，是要让学生会用数学的眼光观察现实世界，会用数学的思维思考现实世界，会用数学的语言表达现实世界。”而数学的眼光就是抽象，数学的思维就是推理，数学的语言就是模型。在数学课堂教学中，教师要帮助学生积累丰富的学习经验，培养学生思维的独特性、发散性、灵活性和敏捷性，最终养成良好的思维品质。这些素养的形成都离不开“问题解决”。因此，增强学生的问题意识，将直接影响学生解决问题能力的发展。

2. 开展“问题化学习”，培养学生参与自主性学习的能力

纵观人类社会，无论是思想发展史、社会进步史，还是科学发现史、技术革新史，无一不是在不断发现新问题中解决问题，又在解决问题中发现新问题；而对于每一个独立的个体来讲，都是在不断自我追问中寻找自己的精神家园。所以，回归对问题的探求，并在这个过程中找回自己应有的智慧，应是学习的本意。

从以讲授为中心转变为以学习为中心的课堂，中间的桥梁是“问题化

学习”。“问题化学习”促使教学必须围绕学生学习的主线去设计活动，必须让学生真实的学习过程能够发生并且展开。因此，在教学中需要强调“问题化学习”。以认知建构的方式重组问题、重组内容，形成问题链，让孩子在学习和对问题的追寻中，慢慢形成一个知识结构——从低结构到高结构，从本学科的结构到跨学科的结构，从知识到真实的世界。让孩子在问题与问题的联系中，建立知识与知识之间的内在联系，实现“问题化学习”方式运用的最大价值。

3. 构建“问题解决”教学模式，培养学生在特定情境中解决问题的能力

“问题解决”教学模式是指依据教学内容，由师生共同创设问题情境，以问题的发现、探究和解决来激发学生求知欲和主体意识，培养学生实践与创新能力的一种教学模式。其中，师生合作创设问题情境是教学设计的中心环节。在问题情境的引导下，学生收集素材、资料，提出假设，引发争论，进行批判性思考和实践探究，最终得出结论。在应用中又会产生新问题，使学生思维不断得以发展和升华。

在“问题解决”教学模式研究中，要遵循“以解决问题为导向”“增强学生的主动性”“明确学习任务”“保持学习过程的互动”等方面的原则，在师生间建立良好的学习氛围，构建起“创设情境，提出问题；探索交流，构建模型；解释应用，拓展延伸；回顾反思，总结提升”的“问题解决”教学模式。课堂突出一部分问题在自学中得到解决，困惑的问题在讨论中达成共识，解决不了的问题在质疑环节共同研讨解决。构建这样的课堂样态，学生可以在特定的情境中解决问题，获得深刻的数学理解，促进学生解决问题能力的提高。这种教学模式体现了小学数学教育的针对性、可操作性和及时反馈的特征。

4. 创新活动载体，培养学生的创新精神与在复杂环境中行动的能力

以创新活动为载体，突出“问题解决”能力的培养。一方面，通过校内课程学习，或选择适当内容开展数学综合实践活动；另一方面，通过开发校本课程，培养学生的创新实践能力。课堂突出让学生在问题解决中引

导学生去“想”，乐于探索“好玩”的新知，实现面向全体学生，多操练、多参与、多体验，慢慢学会质疑，逐渐做到因疑生问，自觉求解。最终让学生在有目标、轻压力、高频率参与的状态下获得丰富的情感体验，实现个人能力的发展。

未来的课程与课堂教学更趋向于知识获取的过程性与实践应用的综合性，这在一定程度上符合建构主义的教学观，数学知识是学生通过实践、问题解决主动建构、发展起来的。也符合皮亚杰的认知发展理论，即人的智力发展需要经历从生活经验到模型抽象，逐渐形成将模型综合的智力结构模式。而目标是要让学生在面对复杂环境时，能够主动寻求办法解决问题，最终培养学生能带得走的能力和素养。

名师课例

六年级数学《抽屉原理》

执教者：吉林市第一实验小学　孙智信

（一）创设情境，提出问题

上课伊始，教师创设扑克牌游戏，先出示王牌（大、小王），再通过 4 张 A 分别出示四种花色，并提出问题。

师：在扑克牌中，除了 A 以外，还有哪些不同的点数？

生：2、3、4……

师：一共有 13 种点数，每种点数有四种花色，一共 52 张牌，再加上 2 张王牌，一副扑克牌一共有 54 张。

师：取出 2 张王牌，开始变魔术。

生：除去 2 张王牌，学生从剩余的 52 张牌中任意抽取出 5 张牌。

师：我可以很肯定地得到一个结论，在这 5 张牌中一定至少有 2 张牌是同花色的。

生掀开牌底验证教师的判断。

师：魔术背后蕴含着怎样的数学知识呢？这节课我们就来共同探究

学习。

（二）探索交流，构建模型

师：当我们面对无从下手的问题时，要试着从简单的情形入手。课前老师为同学们准备了两样学具：小棒和纸杯。（教师板书）

师：如果把3根小棒放入2个杯子中，一定会得到什么样的结论？

生：2个杯子，3根小棒。放的时候，一定有一个杯子里至少会放入2根小棒。

师：还有不同的情况吗？

生：把3根小棒都放入一个杯子中，另一个杯子是空的，我们发现其中一个杯子里有3根小棒，我们发现也满足一定有一个杯子中至少放入了2根小棒。

教师对调杯子的位置，感受（3，0）和（0，3）属于同一种情况。

教师板书记录两名同学的不同放法，总有一个杯子中至少放入2根小棒。

师：如果把4根小棒放入3个杯子中，还会有相同的情况吗？

学生操作汇报。

生：我先在3个杯子里，平均每个杯子放入1根小棒，还剩1根小棒放入其中一个杯子，得到（2，1，1）。

学生接着展示其他情况，得到（2，2，0）

师：刚才有的同学得到4种情况，怎样做才能做到不重不漏呢？

生：第一个杯子中按照4、3、2、1根小棒的顺序依次来放，就不会遗漏。

师：总有一个杯子中至少放入2根小棒，“总有”是什么意思？

生：总有就是一定会有。

师：在几种偶然的不确定情况当中，却会得到必然的结论，这是不是表示所有的杯子中都会有2根小棒呢？

生：不是。

师：请同学们把刚才的4种情况再摆一次，体验一下刚才的结论。

师：同学们特别认真，请大家摆出所有的情况，同桌之间互相交流一下。

师：谁到前面来展示一下。哪种摆法最具有代表性？

生：按平均分的方法来摆，是最不利的情况，也能得到这样的结论。

师让学生再动态呈现一下刚才的过程，学生操作摆的过程。

师：刚才的分法是怎样分的？

生：平均分。

师：平均分就能保证最少的情况吗？教师演示平均分的过程，是不是可以得到必然的结论呢？

师：如果继续增加小棒的数量，把5根小棒放入4个杯子当中，会怎样？就用刚才这种平均分的方法再来摆一下。

学生到前面演示摆的过程。

师：你们同意吗？也是这样摆的吗？

师：数学越来越深刻，也越来越简洁，你们能用算式记录刚才摆的过程吗？

生：$5 \div 4 = 1 \cdots\cdots 1$，$1 + 1 = 2$。

师：4根小棒的情况呢？

生：$4 \div 3 = 1 \cdots\cdots 1$，$1 + 1 = 2$。

师：如果把6根小棒放入5个杯子里呢？7根小棒呢？100根呢？

教师根据学生的回答板书。

师：这么大的数这么快就能做出判断，看来有规律，同桌互相说一说，你发现了什么规律？

生：我发现小棒数总是比杯子数多1个。

生：比如100根小棒，放入99个杯子中，平均分，最后剩下1根小棒，不论怎样放一定都会出现有一个杯子中至少放入了2根小棒的情况。

师：刚才的过程表述得很清楚，规律是什么样的呢？

生：把$N+1$根小棒放入N个抽屉里，至少有一个抽屉里至少放入2根小棒。

师：一个算式概括了所有的情况。

生：他说得是两个比较接近的数，我觉得只要小棒数比杯子数多就可以得到这样的结论。

师：我也发现一个问题，刚才同学们说小棒数比杯子数多1，但还有可能多更多呢，比如：比杯子数多2、多3……但还是可以得到相同的结论。

师：把5根小棒放入3个杯子中，会得到什么样的结论呢？再用刚才的方法摆一摆。

生：我手中有5根小棒，平均每个杯子里放入1根小棒，剩下的2根，任意分在两个杯子里。

师：你得到的结论是什么？把刚才分的过程再展示一下，这是怎样分的？

生：平均分。

师：不平均分可以吗？剩下2根放一起，结论成立吗？结论能保证最少吗？

师：如果把7根小棒放在3个杯子里呢？

生：先进行两次平均分，剩下的1根无论放在哪个杯子里，都会有一个杯子里至少放入了2根小棒。

师板书：7÷3=2……1，2+1=3（根）。

师：如果是8根小棒呢，还能得到这样的结论吗？一起来算一算。

师板书：8÷3=2……2，2+1=3（根）。

师：观察算式中的商和结论，你能发现什么呢？同桌说一说。

生：小棒数多于杯子数，用小棒数除以杯子数，得到商加1就能得到结论。

师板书：商+1。

师：怎么不是商加余数呢？

生：因为剩余的部分还是要再进行平均分。

师：不管需要分几次，都要怎么分？

生：平均分。

师：平均分是最怎样的一种情况？

生：是最不利、最少的情况。

师：可以得到什么结论的一种情况？也就是在随机的情况中得到必然结论的那一种情况。

教师组织学生用 8 根小棒进行集体验证。

师：验证好了？商 + 余数还是商加 1？

生：商加 1。

生：我发现余数决定杯子数和小棒的数量。

师：这样的结论还能更具体，结论中有 2 个、3 个，还可能更多。

师：余数比杯子数少，还可以继续平均分下去。

（三）解释应用，拓展延伸

师：课前扑克牌游戏的奥秘，其中蕴含着怎样的道理？

生：5 张牌，前 4 张牌分别是四种不同的花色，最后一张牌一定是前面四种中的某一种花色，所以至少有 2 张牌是同花色的。

师：那么底牌中为什么会出现 3 张黑桃呢？

生：因为至少有 2 张牌是同花色，不代表一定是 2 张，也可能出现 3 张、4 张……

师：拓展一下，如果在扑克牌中抽取 14 张牌，一定会出现 2 张牌的点数是相同的，为什么？

生：因为一共有 13 种不同的点数，14 张牌，一定至少会有两张牌的点数相同。

师：对于抽屉原理的学习，你们还有什么疑问吗？

师：你们能举出生活中应用抽屉原理的例子吗？

生：有 366 个人，一定有两个人在同一天过生日。

师：我不太同意他的说法，谁能解释？

生：因为闰年有 366 天，需要 367 人才可以保证。

师：孙老师也带来了一些问题，我们一起来研究一下。

师：3 人中必有两个人性别相同，你们认为对吗？

生：我觉得结论是对的，因为在所有性别中只有男和女两种，用 $3 \div 2 = 1 \cdots\cdots 1$，$1 + 1 = 2$ 可以得到结论。

师：我们班级今天出勤了多少人？

生：56人。

师：在这56个人当中，至少有几个人在同一个月过生日？

生：56÷12=4……8，4+1=5（人）。

（四）回顾反思，总结提升

师：今天的学习就要结束了，通过学习你有哪些收获？

生：我学会了抽屉原理，还懂得用最不利原则和平均分的方法去思考问题。

生：我觉得数学很生活，很有趣。

师：同学们，今天我们发现的规律，在数学里被称为“抽屉原理”，文具盒相当于抽屉，铅笔就相当于放到抽屉里的物体。它最先是由19世纪的德国数学家狄里克雷提出来的，所以又称为“狄里克雷原理”。这一原理在解决实际问题中有着广泛的应用，可以用它来解决很多有趣的数学问题。

课例点评

《抽屉原理》是人教版小学数学教材六年级下册第五单元数学广角中的教学内容。教材中主要呈现了运用“枚举”和“平均分”的方法解决问题的过程，借助操作活动理解抽屉原理，并能正确解决生活中的实际问题。“抽屉原理”在生活中的应用非常广泛，可以解决一些看上去很复杂、觉得无从下手，却又很有趣的数学问题。教学的价值在于引导学生了解抽屉原理在生活中的应用与价值，掌握解决问题的不同策略，体会最不利原则等数学思想方法。

本节课重点体现了核心素养中“问题解决”能力的培养，主要呈现出以下几个特点。

1.教学目标的确定，突出对学生“问题解决”能力培养的重点

这节课，教师把教学目标的重点定位在让学生充分经历“问题解决”的过程，帮助学生运用“枚举法”“平均分”“计算”等方法解决问题，感悟最不利原则，最终理解抽屉原理。在教学活动的设计上，突出明、暗两条线索。明线是让学生在经历枚举、计算等不同策略解决问题的过程

中，学会用除法解决抽屉原理问题；暗线是通过积累操作活动的经验，在解决问题过程中感悟最不利原则的数学思想方法。为落实“问题解决”这一目标，主要设计了以下教学环节：一是通过创设“扑克牌”游戏情境，让学生能够在具体情境中，自己发现和提出问题。二是借助小棒操作活动，给学生探索的时间和空间，培养学生自主探究、独立思考的习惯。三是通过不同策略的对比，沟通解题策略之间的关系，帮助学生感悟思想方法的本质。四是通过设计有层次的练习，培养学生针对具体问题，灵活选择合适的方法正确解决问题的能力。最后向学生介绍数学文化，激发学生对数学的敬畏与热爱，增强问题解决的意识与能力。

2. 教学活动的设计，体现了对核心素养“问题解决”目标的有效达成

一节好的数学课，应该是一种“原生态”、充满“数学味”的课，应该是能够体现以学生为主体，帮助学生经历“问题解决”的过程，实现一课一得的课。在课堂上，具体表现在数学问题从学生中来，通过不断引导学生思考，最终在问题解决中促进学生的数学理解。从这节课对教学目标的落实与达成来看，突出了以下主体活动，使教学紧紧围绕“问题解决”这一核心素养展开。

（1）带着学生走进生活，发现并提出数学问题。

教师在上课伊始，创设了学生喜欢的“扑克牌”游戏情境，这个情境起到了激发兴趣、内化需要的作用，学生能够主动发现并自己提出问题，并乐于主动通过操作探究活动参与解决问题，揭示游戏现象背后蕴含的道理。

（2）给学生探索“问题解决”的空间，培养学生解决问题的能力。

在探究抽屉原理问题中，教师让学生经历用“枚举”“假设”“计算”等策略解决问题的过程，学生先后经历了两个思维层次的活动。第一个层次是体验小棒数量比杯子数多1的情况，学生发现虽然枚举得到的结果不同，但总会得到必然的结论，即：总有一个杯子中至少放入了2根小棒。学生渐渐发现，要想保证至少的情况，就要尽可能地平均分，这样才能保证每个杯子中的数量最少，最后如果出现剩余，再进行二次平均分，也会

得到与之前相同的必然结论。

第二个层次是在不增加杯子数量的前提下，通过增加小棒的数量进一步体会平均分的方法和最不利原则。学生借助有余数除法，最终通过计算的方式解决稍复杂的抽屉原理问题。这样的活动使复杂问题简单化，帮助学生积累解决问题的经验，经历运用不同策略解决问题的过程，体验最不利原则的思想方法，培养学生问题解决的能力。教师在课堂上能够给学生提供足够的探索空间，增进学生的数学理解，发展学生的数学思考。

(3) 回归生活，培养学生数学应用的意识和能力。

真正有延展力的课堂教学，应该让学生学会运用已掌握的方法、原理，去解决类似的问题，这是学生学习能力提升的体现。教师让学生揭示课前扑克牌游戏中的道理，解决生活中的实际问题，培养学生的应用意识与正确解决问题的能力。在问题解决中感悟生活与数学的密切联系，培养学生数学的眼光。

3. 思考核心素养“问题解决”导向下的新课堂，对未来教学的影响

(1) 突出以“问题解决”培养为重点，构建对一类课型有效教学实践的探索。

教师在教材解读、目标定位、活动设计、教学实施等方面要充分考虑问题解决能力培养的价值，在生活化、趣味性、活动式、深刻性、思想性等方面下功夫。切忌把数学广角课上成简单机械的解题技巧的训练课，要在数学方法的选择、应用和数学思想的渗透等方面做更多的尝试，期待通过有效的活动，获得问题解决的方法，体验知识背后蕴含的道理。

(2) 树立以“问题解决”为中心的学习观，发展学生的核心素养。

课堂要以问题为中心，教学要以学生为中心。只有学习在学生中真正发生，才能更好发展学生的核心素养。这样的课堂表现出以下特征，一是学生学习的主动性强。学生处于自动、自发、自觉、自疑、自探、自悟、自得的学习状态。二是学生的参与度高。学生学习是主动积极参与而不是被动参与，全员参与而不是部分参与，深层次参与而不是表面参与。三是学生思维度活。独立思考、个性化理解、创造性思维、有质量的生成，等

等。这些使得学生在课堂上更加积极、主动、自信、活跃地思考，更利于问题解决，也更利于发展学生的核心素养。

点评专家：吉林市船营区教师进修学校　赵晓辉

要点十八　技术运用

要点解读

《中国学生发展核心素养》中的“技术运用”是指：学生能够理解技术与人类文明的有机联系，具有学习掌握技术的兴趣和意愿；具有工程思维，能将创意和方案转化为有形物品或对已有物品进行改进与优化等。

纵观人类的发展进程，每一次大的历史进步都离不开技术的创新与提升，技术可以推动社会物质文明发展，是社会文明的基石，更是实现实践创新的基本保障。核心素养要求学生能够在日常生活、问题解决和适应挑战等方面形成积极的实践能力和创新意识，这就要求教师在日常的教育教学中重视对学生技术运用能力的培养。那么，在小学阶段，我们应该如何培养学生的技术运用能力呢？

1.基于课堂教学设计，培养学生的技术运用意识

能力的培养不是仅仅通过某一学科的教学就可以达成的，它应该融于所有学科教学中，是所有学科教育教学的综合成果。因此，教师首先要明确核心素养中对技术运用的要求，率先树立技术运用培养的意识，找到各自学科教学内容与教学活动中与技术运用培养的契合点，设计如何在教学过程中运用最合适的方法和工具进行实践，并力求最优化原则，以激发学生掌握技术的兴趣和意愿。同时，还要设计如何教给学生一些必要的技术与方法，引导学生树立主动运用技术学习的意愿，接受思维方式和创新能

力等素质的培养和训练。如，设计引导学生分析、讨论、总结、归纳的教学活动，帮助学生树立观点，探究基本方法等。以数学学科为例：教师在进行教学内容分析与教学设计时要从技术运用和工程思维的角度去思考。如设计有效的数学活动培养学生的技术运用意识；重视数学教学对形成学生建模能力所起的奠基作用，通过设计“归纳基本关系”“构建常见类型”“实例创新改造”等活动引导学生大胆猜想，培养思维的直觉性，帮助学生建立数学模型，培养他们解决生活中的实际数学问题的意识和能力。

2. 基于课堂教学实践，培养学生的技术应用能力

核心素养指导下的课堂教学不仅仅注重知识的学习与积累，更多的要求教师通过学科教学培养学生的学习力，这种学习力的形成更多地依赖于学生不断地将所学知识进行有效运用的过程，以系统知识学习为基础，在学习过程中提高思维效率。如《2014 年国家教育进展评估的技术和工程素养框架》中就指出“学生应该能用系统方法对简单问题设计解决方法，并构建一个简单的模型来测定是否满足问题的要求”等。因此，在实际的课堂教学中，教师应努力改变自己的教学观，以学生为主体，尽量多给学生提供应用知识的时间和机会。例如，在教师的指导下学生进行高效的讨论与交流；让学生尝试自己设计或组织教学；让学生体验自主设计的教学活动；等等。以此来培养学生的设计能力和技术的应用能力。以英语学科为例：在每个对话教学的巩固拓展环节，教师都要设计或让学生自主设计交际的情境，并在设定的情境中，通过小组合作共同设计交际的语言、方式和表演形式等。这不仅仅是培养学生的综合语言运用能力和真实交际能力，同样更是在培养学生在语言方面的技术应用能力，即：为了达成交际目的设计解决方法，并构建语言交际模型。再如：词汇教学中，利用在低年级帮助学生建立音与形的联系方法，在中高年级学习新词时，引导学生利用学过的单词进行有效的语音知识迁移，尝试自己攻克新单词的发音问题，这个过程其实就是引导学生运用技术的过程。

3. 基于丰富课程资源，培养学生的工程思维能力

工程思维作为三元思维（科学思维，技术思维，工程思维）之一（李

伯聪，2007)，已经成为21世纪培养学生创新精神和实践能力必须具备的思维能力。工程思维实际上就是一个问题求解的过程，而且它的答案是非唯一的。工程思维能力的培养首先需要在课堂教学中实施，但仅靠各学科课堂教学是远远不够的，更需要学校、家庭多创设、提供丰富多彩的资源让学生有条件、有时机、有平台去从事类工程活动。在活动中完整体验提出问题的时机、工作的排序与调整、有效的思维模式和如何判断工作成果的优劣等程序和方法，形成“整体性”的思维习惯和心智模式。如：学校可以建立校本特色工作坊；可以开发STEM实践课程。在当今，STEM教育为工程思维的培养提供了契机。在发达国家，尤其是美国和新加坡，不断地探索开发新型STEM课程，比如机器人课程，编程课程，生物课程等，以此培养孩子发现问题解决问题的能力。其目的不仅仅是促进解决工程学上的专业问题，更主要的是潜移默化地影响学生解决生活问题、工作问题的方式与能力，学生最终内化这种思维，成长为现代社会所需要的综合型创新型人才。家长也可以充分利用机器人培训等项目开发学生的工程思维，在学生参与各种活动的过程中促进其工程思维能力的培养和形成。

总之，在小学阶段我们主要着重培养学生技术运用的意识和兴趣，鼓励学生独立思考各种他们感兴趣的问题，为学生提供动手动脑的机会，以提升学生的技术运用能力和创新能力，进而实现学生智慧的启发和技术运用素养的形成。

名师课例

五年级英语《Unit 2 My favorite season》

执教者：吉林市船营区实验小学　蔡　华

（一）师生问候

T：Are you ready?

Ss：Yes.

T：OK. Class begins. Good morning，everyone.

Ss：Good morning，Miss Cai.

T：How are you?

（二）复习与导入

1.师生对话，播放歌曲，引入四季话题

（1）T：Do you like music，children?

Ss：Yes，I do.

T：I like music，too. Now，Let's listen to a song. Then tell me：what do you hear?（播放歌曲：The Four seasons）

（2）T：Okay. What do you hear?

S1：I hear the four seasons. They are spring，summer，autumn and winter.

T：Very good，but no autumn. It says fall. Fall means autumn，too. Thank you. Very good. Okay，others. What do you hear?

S2：I hear there are four seasons in a year. The four seasons are spring，summer，fall and winter.

T：Good，very good. Okay，Others. What do you hear?

S3 ：I hear the four seasons in a year. They are spring，summer，fall and winter.

（3）请学生根据歌曲内容给歌曲命名。

T：Good. So can you name the song? You，please.

S1：The Four Seasons.

T：Quite right. Follow me. The Four Seasons.

（4）师生谈论四季这一话题，熟悉本课词汇。

T：OK. There are four seasons in a year. What are they?

S1：They are spring，summer，autumn and winter.

T：What are they?

S2：They are spring，summer，autumn and winter.

T：Others，what are they?

S3：They are spring，summer，autumn and winter.

T：Good. Together.

Ss: They are spring, summer, autumn and winter.

（5）谈论学生最喜欢的季节，为重点句型作铺垫。

T: OK. What's your favorite season? You, please.

S1: My favorite season is summer.

T: It's beautiful. What's your favorite season? You, please.

S2: My favorite season is winter.

T: Good. It's white. What's your favorite season? Can you?

S3: My favorite season is spring.

T: Yeah, it's very pretty.

2. 请学生猜测老师最喜欢的季节，从而引出本课重点句型

T: Guess, What's my favorite season?

S1: Autumn?

T: No. What's my favorite season?

S2: Winter?

T: No. What's my favorite season?

S3: Spring?

T: Yes, I like spring best. 'Like best' means…?

S1: Like best means favorite.

T: Like best means favorite. So what's your favorite season? We can also say 'which season do you like best?' Ok, follow me. Which season do you like best?

Ss: Which season do you like best?

T: OK, you read, please.

S1, S2, S3, S4, S5: Which season do you like best?

3. 学生小组活动，操练本课重点句型

T: Which season do I like best? I like spring best. Why? Because It's windy and warm. OK. Which season do you like best? Practice with your neighbors, please. Who can?

Group 1: Which season do you like best? I like autumn best. It's cool.

Group 2：Which season do you like best? I like winter best. It's cold.

Group 3：Which season do you like best? I like spring best. Because I can go on a picnic.

Group 4：Which season do you like best? I like summer best. It's hot.

（三）课文呈现

1. 听力引入课文情境，关注天气和陈杰最喜欢的季节

T：Now let's see，Mike and Chen Jie are talking about the weather. What's the weather like today? Now let's listen.

T：Who can tell me：What's the weather like today?

S1：It's windy and cold.

T：OK. Next question. Let's read together. Which season does Chen Jie like best?

T：OK，let's say together.

Ss：She likes autumn best.

T：Yes，Chen Jie likes autumn best.

2. 让学生猜测 Mike 最喜欢的季节，自然进入课文文本

T：Guess，which season does Mike like best?

S1：He likes spring best.

T：Maybe.

S2：He likes autumn best.

T：Maybe.

S3：He likes winter best.

T：Maybe. Let's listen.

3. 带着问题听课文录音，初步感知课文内容

T：Which season does Mike like best?

S1：He likes winter best.

T：Yes，he likes winter best.

4. 带着问题再次感知课文，理解文本

T：OK，this time，read the text and then find the answer：Which season does Wu Yifan like best? And why? Turn to page 14.

(Students read the text.)

S1: He likes spring best. Because it's pretty.

T: Follow me, pretty.

Ss: Pretty.

T: Wu Yifan likes spring best. It's pretty.

(Students read "It's pretty" one by one.)

5. 自主阅读文本，解决难点

T: Now this time, let's read the text again and find the places that you don't know.

T: Do you have any questions?

S1: Today we'll draw the seasons.

T: Who knows the meaning? Can you use one action to let me know the Chinese meaning?

(One student does the actions of drawing four seasons.)

T: OK, follow me: Today we'll draw the seasons.

6. 听音模仿

T: OK. This time, let's listen and repeat.

(教师强调语音语调的准确性)

7. 练读特殊句式

T: Look at the three sentences, how to read? Do you like the music, children?

Which season do you like best, Mike?

Which season do you like best, Wu Yifan?

(S1, S2, S3 read.)

T: Pay attention. The first part, we should use the falling tone. And the second part, we should use the rising tone. OK. Let's read together.

8. 合作朗读

T: This time, read the text in your groups.

9. 小组展示，师生评价

T：Who can read? Listen carefully. Then let's see who reads best.

Group 1，Group 2，Group 3 and Group 4 read.

（四）巩固运用

1. 活动一：聆听朗诵，仿写诗歌

（1）老师朗诵关于春天的诗歌，为学生运用目标语言做示范。

T：I think every season is just like a poem. Now here，I have a poem about spring. I'll read it for you. Listen carefully.

I love spring best of all!

Spring is rainy and warm.

I always wear a sweater.

I also bring my umbrella.

It's beautiful.

（2）学生小组合作仿写诗歌。

T：OK. Can you write a poem like this? Choose one season. Work in your groups.

Group 1：I like summer best of all. It's hot and rainy. I can wear my T－shirt. I also bring my umbrella. It's beautiful.

T：Which season do they like best?

Ss：Summer.

Group 2：I like autumn best of all. It's cool and colorful. I always wear a shirt. I also pick apples. It's beautiful.

T：Which season do they like best?

Ss：Autumn.

Group 3：I like autumn best of all. It's beautiful and cold. I can pick apples. I can also go on a picnic. It's beautiful.

T：Which season do they like best?

Ss：Autumn.

Group 4：I like summer best of all. It's sunny and hot. I always wear my T－

shirt. I can also buy ice cream. It's beautiful.

T：Which season do they like best?

Ss：summer.

Group 5：I like summer best of all. It's rainy and hot. I always wear a T - shirt. I can also swim. It's beautiful.

2. 活动二：设计思维导图，交流自己最喜欢的季节

（1）观赏吉林市四季风光，感受城市魅力，激发学生热爱家乡的情感。

T：I think each season is just like a poem. It's beautiful, especially in Jilin City. Now let's enjoy the four seasons in Jilin city.

（播放吉林市四季风光视频）

（2）教师完成自己的思维导图，介绍自己最喜欢的季节。

T：The Four seasons in Jilin City are very, very beautiful. And I think some of you like summer, and some of you like autumn and some of you like winter. As for me, I like spring best. It's windy in spring. So I can fly kites. It's warm in spring. So I can wear my sweater. And it's rainy in spring. So I can bring my umbrella. And it's pretty in spring. So I can go hiking. I'm very happy in spring.

（3）学生画思维导图，介绍自己最喜欢的季节。

T：So what's your favorite season? Which season do you like best? Now draw your thinking map. And take out your paper.

T：Who can introduce your favorite season?

S1：I like summer best. It's hot, sunny and rainy. I can go on a picnic, go swimming and go hiking. I can wear my T - shirt, eat ice cream, too.

S2：I like four seasons. I like spring best because it's beautiful and warm. Summer is hot and interesting. Autumn is gold and cool. Winter is cold and snow is white.

S3：There are four seasons in a year. They are spring, summer, autumn and winter. Spring is my favorite season. Because it's warm. And I can fly my kite. Summer is hot. And I can eat ice cream. Autumn is beautiful. And I can pick apples. Winter is cold. And I can play in the snow.

（五）情感教育

T：Now let's see. A day's plan is in the morning. And one year's plan is in spring. So I hope you can treasure your time.

（六）布置作业

T：OK. Today's homework：draw a thinking map of the four seasons and then introduce. So much for today. Now，class is over. Goodbye，everyone！Thank you very much. See you next time！

（七）板书设计

My favorite season

Which season do you like best?

I like ________ best.

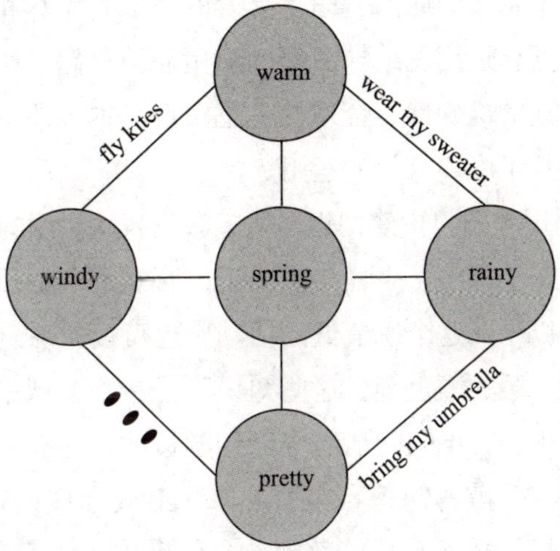

课例点评

本课例呈现的是 PEP 小学英语五年级下册第二单元的对话教学，单元话题是“My favorite season”。通过对对话文本的学习，学生能够掌握一年中四个季节的英语表达方式，并能用英语询问他人及表述自己最喜欢的季节及原因。从基本知识层面上看，学生能够掌握四个季节单词及询问最喜欢季节的核心句型“What's your favorite season?”；从基本能力层面上看，学生能够在正确的语境中运用核心句型进行交际，实现语言的综合运用。本节课中，教师首先树立榜样，激发学生运用技术的兴趣与愿望，再引导学生充分运用思维工具达成最终的语言综合运用，同时也培养了学生的工程思维能力。现具体剖析如下：

1. 运用思维导图，实现技术运用

思维导图又叫心智图，是表达发散性思维的有效图形思维工具，它简单却又极其有效，是目前各科教育教学中最提倡的一种认知工具和技术手段。它能够达到使学生的学习、教师的教学以及师生之间的交流更能把握全局和细节，更能创造性地解决问题，学习更为高效的目的。本节课例的最高教学目标是学生能够用英语交流最喜欢的季节，在交流这个话题时一定会谈到喜欢这个季节的原因，学生喜欢的季节是不尽相同的，原因也各异，这时就非常适合运用思维导图帮助学生厘清思路、组织信息、加强记忆，提高整体表达的准确性、合理性、逻辑性。本节课中主要从以下两方面对思维导图进行了准确有效的运用。

（1）教师利用导图，构建知识网络，激发技术运用的兴趣。

如上所述，本节课中学生最终需要说出喜欢季节的原因，原因可以是季节的天气，可以是在这个季节做的活动，也可以是对这个季节的整体印象，如：美、冷、暖、颜色等，这些知识不是在本节课中学到的，而是在之前的英语学习中、在不同的话题中已经学过的，那么，如何让学生将与本课话题相关的、分散的知识点串联起来，有效组成语言的整体输出呢？思维导图就是最好的技术手段。教师首先借助引导学生理解文本的过程，在黑板上一步步绘制有关春天的思维导图：春天是有风的，所以我们可以放风筝；春天是温暖的，所以我们可以穿什么样的衣服；春天可以用美丽来形容。在绘制的过程中，教师帮助学生构建了文本的知识网络，这就是充分利用了教师导图的范例作用，让学生明确可以运用导图的方式建立与主题相关的知识之间的联系，引发了学生对思维导图的兴趣和使用的意愿，也为后续的学生个体表达做好了有效的准备和铺垫。

（2）学生利用导图，开展思维启迪，提高技术运用能力。

教师利用自己绘制的一个季节的思维导图给学生做好了范例后，通过板书中导图的留白部分、及时的语言提示（每个季节都有它独特的美）和个体活动任务（介绍你最喜欢的季节），引导学生自主设计个性化的导图。能力一般的学生会依据教师的范例选择自己喜欢的一个季节进行语言表达，能力强的孩子可以超越教师，将四个季节一次性表达出来。这样在尊重学生个性差异的基础上，既提高了学生的学习兴趣、参与意识，又培养了创新能力和语言实践能力，有助于学生思维能力的有效提升。

思维导图成为本节课的一个有效技术手段，在师生绘制导图的过程中，将多个零散的知识点进行了整理，从纷繁的信息中找到了信息之间的内在联系。不仅把握了知识结构的全局，整理了知识的框架，还通过不断地添加分支，把握了细节。

2. 设计思维模型，培养工程意识

工程思维是一种最具创造性和建构性的思考形式，它开始于为已有的目的寻找并提供适宜的手段和工具，是一种目的导向的思维活动。本节课中，教师通过核心句型的输入首先让学生明确了本节课的目标，即：谈论最喜欢的季节。之后，通过以问题为中心的方式（Which season do I like best? —Which season do you like best? —Which season does Mike & Wu Yifan like best? ect.）引领学生在文本的学习中始终主动思维，建构表达模型。这样师生共同理解文本、分析文本、依据文本绘制导图的过程，实际上反映出的就是工程思维中“在实际的问题与决策中，尝试使用最合适的方法和工具（导图）进行模型设计”的过程，师生在这几个环节中共同进行了“应该做”的建模思维活动。

3. 进行技术实践，形成技术素养

在拓展提升环节中，教师给学生布置了终极任务：Draw your thinking map.

Introduce your favorite season. 学生要通过绘制导图进行有效的思考、有

效的甄别和有效的组织，并最终依据自己的个性化导图进行语言的综合输出。学生绘制自己的思维导图的过程实际上就是在进行技术实践，并在实践的过程中力求最优化原则，即最符合自己实际、逻辑最合理、思考最全面、思路最清晰的表达，这是在完成“如何做”的活动，也就是真实的工程实践活动。从最终学生的表现我们可以看出，学生能够充分利用思维导图这种技术手段，帮助自己生成个性化的语言表达，而且学生的表达内容远远比教师提供的范例更丰富多彩。长此以往，学生的技术素养便会潜移默化地形成。

总之，在本节课的教学中，学生在教师的有效引导下有兴趣和意愿在学习中运用恰当的技术（绘制文本导图）习得知识，并通过工程思维将自己的创意和方案进行改进与优化，转化成为有形的物品（个性化导图），有效地提升了学生英语的综合运用能力。因此，本节课例很好地体现了如何在小学英语对话教学中培养学生的工程思维能力和技术运用能力。

点评专家：吉林市船营区教师进修学校　闫晓颖